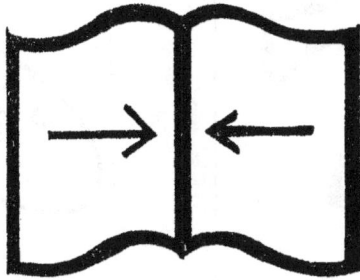

Couverture inférieure manquante

Original en couleur

NF Z 43-120-8

. DESORMES et Adrien BASILE

JLYLEXIQUE MÉTHODIQUE

DICTIONNAIRE

D'OCCULTISME

SCIENCES OCCULTES

Magie, Sorcellerie, Alchimie, Hypnotisme,
Chiromancie, Phrénologie,
Physiognomonie et Pathognomonique, Oniromancie,
Cartomancie, Graphologie,
Onomamancie, Magiciens, Alchimistes.

SOCIÉTÉS SECRÈTES

Politiques et Philosophiques. — Grands-Maîtres
de la Franc-Maçonnerie,
des Templiers, de Malte, et Généraux des Jésuites.

1re SECTION INDÉPENDANTE

ANGERS

LACHÈSE ET Cie, IMPRIMEURS-LIBRAIRES
4, CHAUSSÉE SAINT-PIERRE, 4

Prix : 2 fr. 25. — Franco : 2 fr. 50

DICTIONNAIRE

D'OCCULTISME

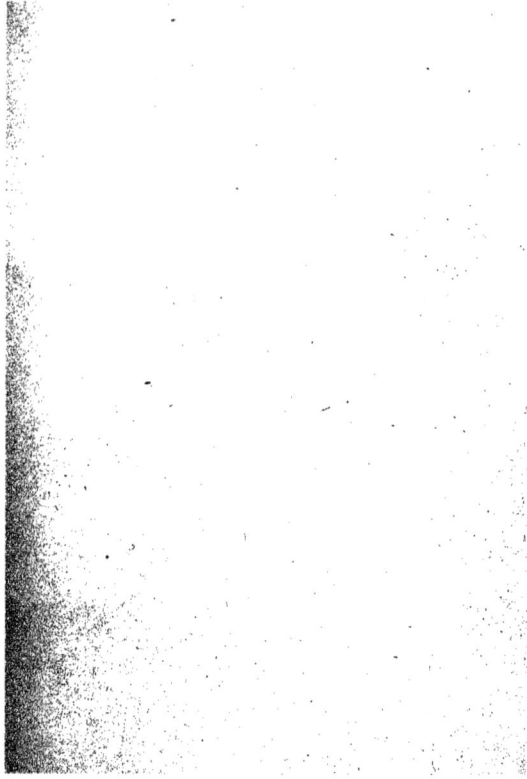

E. DESORMES et Adrien BASILE

DICTIONNAIRE
D'OCCULTISME

SCIENCES OCCULTES

Magie, Sorcellerie, Alchimie, Hypnotisme,
Chiromancie, Phrénologie,
Physiognomonie et Pathognomonique, Oniromancie,
Cartomancie, Graphologie,
Onomamancie, Magiciens, Alchimistes.

SOCIÉTÉS SECRÈTES

Politiques et Philosophiques. — Grands-Maîtres
de la Franc-Maçonnerie,
des Templiers, de Malte et Généraux des Jésuites.

1re SECTION

ANGERS
LACHÈSE ET Cie, IMPRIMEURS-LIBRAIRES
4, CHAUSSÉE SAINT-PIERRE, 4

1897

HOMMAGE

A François COPPÉE

DE L'ACADÉMIE FRANÇAISE

En réponse à la lettre qu'ils avaient adressée à l'auteur du *Passant*, des *Jacobites*, etc., pour lui offrir la dédicace du **Polylexique méthodique** — après lui avoir communiqué les grandes lignes de cet ouvrage — MM. Desormes et Adrien Basile ont reçu de l'éminent académicien la lettre suivante :

La Fraizière, par Mandres (S.-et-O.)

[manuscrit : Votre idée est excellente, Messieurs, et j'accepte avec le plus grand plaisir la dédicace de votre intéressant et savant travail.]

[signature : François Coppée]

PRÉFACE

Le présent ouvrage commence la série, **en 20 volumes
in-18 jésus**, *entièrement terminés,* des **214 Dictionnaires
spéciaux**, dont l'ensemble va constituer le **Polylexique méthodique.**

Le **Polylexique méthodique** n'a pas été écrit pour rem-
placer les savantes, mais coûteuses encyclopédies. Son cadre
est plus restreint; son but, tout autre. Cependant, avec les
avantages du dictionnaire classique, il offre ceux du livre
d'étude, par le groupement des matières en *Sections indépen-
dantes*, présentant, pour chaque branche de connaissances,
plusieurs vocabulaires spéciaux.

Tel qu'il est conçu, il sera à la fois le Manuel indispensable
de l'homme de lettres, et le Guide pratique de quiconque
s'intéresse aux sciences, aux arts et métiers.

Les exigences impérieuses de la vie active ne laissent pas
toujours aux studieux le temps matériel de se livrer aux
investigations nécessaires pour se tenir au courant des questions multiples agitées à notre époque.

Aussi avons-nous réparti en catégories rationnelles les
éléments dispersés, au hasard de l'ordre alphabétique, dans
les dictionnaires tels qu'ils ont été compris jusqu'ici.

En dépit de nos efforts, et malgré le concours aussi pré-
cieux que dévoué de praticiens autorisés, peut-être relèvera-
t-on dans le **Polylexique méthodique** quelques omissions.

Mais, en ce siècle de progrès continu, où se créent chaque jour des choses nouvelles exigeant des termes nouveaux, en même temps qu'elles relèguent au second plan des faits et des mots rapidement démodés, qui peut se flatter d'être assez parfait pour défier toute critique? Cela est si vrai, que les grandes encyclopédies doivent avoir recours à des suppléments périodiques ou permanents pour se compléter.

Nous nous sommes attachés à classer et à condenser les idées de façon à permettre, à celui qui sait, de se les remémorer en une revision rapide; et, à celui qui veut s'instruire, de trouver en quelques pages ce qu'il n'obtiendrait qu'au prix de longues recherches dans les ouvrages spéciaux des bibliothèques.

A ce titre, le **Polylexique** est appelé, croyons-nous, à rendre de réels services aux candidats pour la préparation de leurs examens; aux professeurs, aux écrivains, aux journalistes, obligés d'avoir immédiatement, sur un sujet donné, des notions précises; aux artistes, commerçants, industriels, ouvriers, militaires, mathématiciens, pédagogues, théologiens, philosophes, etc.

Veuille le public réserver un bienveillant accueil à la pensée qui nous a inspirés : Faciliter l'étude et abréger le travail, pour contribuer au progrès intellectuel.

E. DESORMES & Adrien BASILE.

NOTE DES AUTEURS

Je suis de l'avis de Th. Gautier, qui lisait chaque soir une dizaine de pages d'un dictionnaire et tenait cette lecture pour plus intéressante que celle des romans. Rien de plus évocateur pour l'esprit que cette succession de mots dont quelques-uns seulement nous sont familiers.

H. Fouquier.

L'avenir dira si nous assistons à ce retour vers le merveilleux qui a marqué la fin des siècles antérieurs — ou, mieux, si nous sommes témoins d'une évolution vers des sciences regardées jusqu'ici comme relevant du surnaturel, alors que la connaissance plus complète de leurs conditions, de leurs lois, de leurs causes, les fera sans doute rentrer dans l'ordre des phénomènes naturels.

Quoi qu'il en soit, l'occultisme est à l'ordre du jour. Le magnétisme, la sorcellerie, les médiums, les sociétés secrètes ont leur place dans les livres, les journaux, les salons, les conversations.

Nous croyons que ce *Dictionnaire* intéressera les curieux et permettra à ceux qui n'ont pas le loisir de se livrer à une étude spéciale de l'occultisme, d'avoir une idée suffisante de choses dont tout le monde s'occupe aujourd'hui.

E. D.. & A. B..

1.

DICTIONNAIRE

D'OCCULTISME

A. Chez les Grecs, on regardait cette lettre comme un mauvais augure et les prêtres commençaient par elle les menaces qu'ils faisaient de la part des dieux.

Aban n. m. Génie persan qui préside aux mines de fer et donne son nom à un mois de l'année.

Abbado n. m. Un des noms de Satan.

Abarnahas n. m. Nom que les alchimistes donnaient à la magnésie.

Abas n. m. Devin célèbre qui avait sa statue dans le temple de Delphes.

Abhal n. m. Fruit d'un cyprès oriental, auquel on attribuait la vertu de faire sortir du sein des femmes les fœtus morts.

Abigor n. m. Démon d'ordre supérieur.

Abizendegani n. m. La fontaine de vie des légendes orientales, dont l'eau donnait l'immortalité.

Abnelecten n. m. Nom donné à l'alun par les anciens alchimistes.

Abonde n. f. Fée bienfaisante qui passait pour apporter la nuit,

dans les maisons, des biens de toute sorte.

Abracadabra n. m. Mot cabalistique auquel on attribuait une influence magique pour la guérison des maladies, et qu'on portait au cou, en disposant les lettres en un triangle magique dont les faces reproduisaient le mot abracadabra.

Abrahel n. m. Démon succube.

Abraxas n. m. Mot magique auquel les anciens attribuaient des propriétés merveilleuses, parce que les sept lettres grecques dont il est composé forment le nombre 365, qui est celui des jours de l'année.

Abrotonite adj. Se disait du vin dans lequel on avait fait infuser de l'aurone.

Absorbation n. f. État d'un esprit absorbé.

Absorbement n. m. (V. Absorbation).

Abstinence n. f. Croyance consistant en ce que les magiciens habiles ne mangeaient ni ne buvaient.

Acadine. Fontaine de Sicile

fameuse par les serments dont on y faisait l'épreuve. Si les tablettes sur lesquelles ils étaient gravés tombaient au fond de l'eau, c'était une preuve de vérité; si elles surnageaient, le parjure était aveuglé sur-le-champ ou consumé par les flammes des deux lacs de soufre et de feu, nommés *delirs*, qui étaient auprès de cette fontaine.

Acartum n. m. Le minium (Alchimie).

Acazdir n. m. L'étain pur (Alchimie).

Acco n. m. Loup-garou dont les nourrices grecques effrayaient les enfants.

Achani n. m. Démon que l'on évoque le jeudi.

Achéménis n. m. Plante qui passait pour répandre la terreur dans les armées.

Acidum pingue n. m. Principe qui, selon l'alchimiste Maier, émanait du feu, pour se combiner à la pierre pendant la calcination et constituer ainsi la chaux caustique.

Acqua toffana n. f. Poison très subtil dont on attribue l'invention à une femme de Palerme nommée Toffana, et que l'on suppose fait avec un mélange d'acide arsénieux et un liquide qui s'écoule de la chair de porc.

Aquata n. f. Poison à base d'arsenic, inventé par la Toffana.

Actinomancie n. f. Divination par l'observation des étoiles.

Adaptation magique n. f. Synthétisation, en quelques rites, des diverses influences de la nature.

Addixit, addixerunt. Mot qui exprimait un bon augure des oiseaux sacrés. Avec la négation, il exprimait un mauvais augure.

Adepte n. m. Celui qui est parvenu à la parfaite connaissance des sciences secrètes.

Adjuration n. f. Formule d'exorcisme par laquelle, au nom de Dieu, on demande à Satan de faire ou de dire ce qu'on exige de lui.

Adramelech n. m. Grand chancelier des Enfers, intendant de la garde-robe du maître des démons, président du haut conseil de la légion des diables.

Adytum n. m. Endroit secret des temples où les prêtres seuls entraient et d'où l'on entendait sortir les oracles.

Æmoniæ artes. Nom sous lequel les poètes désignent quelquefois la magie, d'*Æmonia*, ville de Thessalie où elle se pratiquait beaucoup.

Aéromancie n. f. Divination d'après les rides formées par le vent ou la parole à la surface de l'eau; quand on parlait au-dessus d'un vase rempli d'eau, l'augure était bon si l'eau frémissait.

Aétite n. f. Espèce de pierre que l'on prétend trouver dans les nids d'aigle et qui, placée sur la poitrine d'une femme, retarde son accouchement, et le lui facilite, lorsqu'elle est attachée au-dessus du genou.

Afriet n. m. (V. Afrite).

Afrite n. f. Esprit malin des Orientaux, qui volait la nuit au-dessus des maisons.

Agarès n. m. Grand-duc de la contrée orientale des Enfers; il enseigne les langues et fait danser les esprits de la terre.

Agate n. f. Pierre précieuse à laquelle les anciens attribuaient les vertus de fortifier le cœur, de guérir les morsures des bêtes venimeuses, de préserver de la peste.

Agathion n. m. Démon familier qui ne se montre qu'à midi et se laisse parfois enfermer dans une bouteille, un talisman.

Agathodémon n. m. Esprit familier en l'honneur duquel les Grecs buvaient un verre de vin pur après chaque repas. — Démon qui, dans les croyances arabes, préside à chaque quartier d'une ville et passe pour avoir la forme d'un serpent.

Agla. Mot cabalistique auquel les rabbins attribuaient le pouvoir de faire fuir le diable ; l'usage en était fréquent au XVI° siècle.

Aglaophotis. Espèce d'herbe qui pousse dans les marbres de l'Arabie, dont les magiciens se servaient pour évoquer les démons.

Agnan n. m. Mauvais génie des légendes brésiliennes qui enlevait le cadavre des morts quand on avait négligé de déposer des vivres auprès d'eux.

Agonian n. m. Le mauvais principe, dans les légendes brésiliennes.

Agnus-Castus n. m. Plante qui passait pour avoir la vertu merveilleuse de conserver la chasteté.

Agriskoué n. m. Le Grand-Esprit, chez les Iroquois.

Agyrme n. m. Premier jour des Grands-Mystères dans l'antiquité.

Agyrte n. m. Jongleur, tireur d'horoscopes, charlatan de l'ancienne Grèce, qui était en même temps prêtre de Cybèle.

Ahrimane n. m. (V. Arimane).

Aigle. Il était considéré comme un oiseau de présage chez les anciens.

Aiguillette. (V. Nouer l'aiguillette).

Aimant-fluide n. m. Principe producteur de la vertu magnétique ou attractive.

Ainé-y-Sourid n. m. Miroir merveilleux des légendes orientales.

Aisselle n. f. Un morceau de pain, placé sous l'aisselle d'une femme et imprégné de sa sueur, passait pour empoisonner les hommes et rendre les chiens enragés.

Aïus locutius. Voix surnaturelle qui, chez les anciens Romains, passait pour prédire les événements.

Aïus loquens. (V. Aïus locutius).

Akhim. Ville de la Thébaïde, qui passait jadis pour être la ville des plus grands magiciens.

Alastor n. m. Bourreau, exécuteur suprême des sentences du prince des ténèbres. — Génie malfaisant chez les anciens.

Alchimie. n. f. Art chimérique du moyen âge, qui consistait à chercher la panacée universelle et la pierre philosophale.

Alchimiste n. m. Celui qui s'occupe d'alchimie.

Alectoire n. f. (V. Alectorienne)

Alectorienne n. f. Pierre qui passait pour avoir la vertu de résister aux poisons et qu'on trouvait dans le gósier des vieux coqs.

Alectoromancie. (V. Alectryomancie).

Alectryomancie. Divination par l'ordre dans lequel le coq sacré choisissait les divers compartiments munis de lettres et dans lesquels on avait répandu des grains.

Aleuromancie. n. f. (V. Crithomancie).

Alf n. m. (V. Elfe).

Alfader n. m. Prince des géants en Scandinavie.

Alfar n. m. (V. Elfe).

Alfares n. pl. Génies scandinaves.

Alfridarie n. f. Système astrologique qui consiste à attribuer successivement le gouvernement de la vie à chaque planète pendant un certain nombre d'années.

Alistipex n. m. Augure qui observait le vol des oiseaux.

Alites. Oiseaux dont les Romains n'observaient que le vol.

Alkahest n. m. Dissolvant universel inventé par Van Helmont et qu'on croyait capable de ramener à leur première vie tous les corps de la nature.

Alleur n. m. Larve ou esprit qui, dans les légendes normandes, hante les ruines pendant la nuit.

Alocer n. m. Démon puissant qui enseigne les secrets de l'astronomie et des arts libéraux.

Alomancie n. f. Divination d'après les figures formées par le sel répandu.

Alp n. m. Esprits des croyances dalmates, qui apparaissent en camisole blanche et en jupe noire.

Alphithomancie n. f. Divination fondée sur la facilité plus ou moins grande avec laquelle un inculpé avalait un gâteau d'orge.

Alphito n. m. (V. Acco).

Alriuach n. m. Démon qui submerge les navires, et prend les traits et les habits d'une femme, lorsqu'il se rend visible.

Alrunes n. f. Démons succubes qui prenaient toutes sortes de formes, mais ne pouvaient changer de sexe.

Alyrumne n. f. Nom que les Goths donnaient aux magiciennes.

Alyssus. Fontaine d'Arcadie qui guérissait de la morsure des chiens enragés.

Amaranthe n. f. Les magiciens attribuaient aux couronnes d'amaranthe la vertu de concilier la gloire et la faveur à ceux qui les portaient.

Ambriel n. m. Esprit de la Kabbale correspondant aux Gémeaux.

Ame des bêtes n. f. Certains philosophes anciens ont prétendu que les bêtes étaient animées par une catégorie de démons moins coupables que d'autres et qui passaient là leur temps expiatoire.

Améthyste n. f. Pierre précieuse qui passait jadis pour garantir de l'ivresse.

Amiante n. f. Minéral incombustible, excellent contre les sortilèges.

Amingu n. f. Plante sauvage aquatique des bords de l'Amazone, douée de propriétés mystérieuses. Lorsque les Indiens veulent avoir un membre viril bien développé, ils le frappent avec le fruit de l'*aminga blanche*, trois jours avant et trois après la nouvelle lune.

Amniomancie n. f. Divination d'après la coiffe qui enveloppe parfois la tête des nouveau-nés, qui annonçait une heureuse destinée si elle était rouge et des malheurs si elle avait une couleur plombée.

Amoloco n. m. Prêtre congolais, ayant pour mission de débarrasser les malades des sorts qui leur ont été jetés.

Amoymon ou **Amaïson** n. m. Un des quatre rois de l'empire infernal, qui gouverne la partie orientale.

Amulette n. f. Objet auquel on attribuait une vertu secrète qui multipliait les influences favorables ; il devait se porter sur la peau ou sur le vêtement.

Amy n. m. Grand président aux Enfers.

Anamalech n. m. Démon obscur, porteur de mauvaises nouvelles.

Ananisapta n. m. Talisman qui, d'après les cabalistes, préserve des maladies contagieuses. Il se composait d'un mot sacré écrit sur le parchemin vierge.

Anansie. Araignée gigantesque à laquelle les nègres de la Côte d'Or attribuent la création de l'homme.

Andras. Démon qui soulève les querelles et les discordes.

Andriague n. m. Sorte de griffon ou de cheval ailé que les romanciers de la chevalerie donnaient aux magiciens comme monture.

Androalphus n. m. Puissant démon.

Angat n. m. Nom du diable à Madagascar.

Angato n. m. Spectre, revenant, chez les Malgaches.

Angélique n. f. Plante que l'on mettait au cou des enfants en guise d'amulette et qui passait pour préserver des maléfices.

Angles n. m. Se dit, en graphologie, des lettres de forme aiguë.

Anguekkok n. m. Bon sorcier auquel les Groënlandais ont recours dans tous leurs ennuis.

Anguille n. f. Poisson. L'anguille mourant dans un pot de vin, donnait à celui qui buvait celui-ci, le dégoût du vin au moins pendant un an. Ce remède était employé contre l'ivrognerie.

Annachiel n. m. Esprit que la Kabbale fait concorder avec le Sagittaire.

Anneau constellé n. m. Anneau magique fabriqué sous l'influence de certaines constellations dont il portait les signes.

Anneaux des fées n. m. pl. (V. Cercle des fées).

Anneaux de mort n. m. Bagues en usage en Italie aux XVe et XVIe siècles, et qui renfermaient un poison qu'on inoculait aux victimes, grâce à une légère piqûre de griffes dissimulées, mises en jeu par la pression de la main, et qui introduisaient le poison avec leur piqûre.

Anneau de Salomon n. m. Anneau avec lequel Salomon soumit à son pouvoir les anges et toutes les forces de la nature, par la vertu du « Grand nom de Dieu » qui y était gravé:

Anneberg n. m. Démon des mines, en Allemagne.

Anocchiatura n. f. Fascination involontaire qui, d'après les croyances des Corses, s'exerce par l'œil ou la parole, et dans des conditions telles que la puissance mystérieuse présidant à l'anocchiatura exerce le contraire de ce qu'on souhaite.

Ampiel. (V. Arael).

Antamtapp. Enfer des Indiens que les brahmes disent plein de bêtes et d'insectes féroces.

Antecessor n. m. Nom sous lequel on désignait le diable que les sorcières allemandes faisaient évoquer aux enfants dans un carrefour en le priant de les transporter à Blockula.

Antedextra. Chez les Aruspices, ce nom indiquait les foudres et les oiseaux qui venaient du côté droit du midi, ce qui était de bon augure, par opposition à *antesinistra*, côté gauche ou mauvais augure.

Anticonvulsionnaire n. m. Nom donné, au xviiie siècle, à ceux qui refusaient d'ajouter foi aux prétendus prodiges opérés sur le tombeau du diacre Pâris.

Antre de Trophonius n. m. Allusion à un oracle célèbre de l'ancienne Grèce.

Anthropomancie n. f. Divination reposant sur l'examen des entrailles d'un enfant ou d'un homme fraîchement égorgé.

Antipathéisme n. m. Etat des corps entre lesquels il existe une répulsion naturelle produite par les astres.

Antirrhinum n. m. Plante à laquelle les anciens attribuaient le pouvoir d'embellir le visage et de préserver contre les sortilèges.

Apantomancie n. f. Divination que l'on tire des objets qui se présentent dans un moment inattendu, comme la rencontre d'un chat, d'un aigle, d'un chien, etc.

Apollon n. m. Nom astrologique de l'annulaire, qui symbolise l'art.

Apollonienne n. f. Ligne de l'idéal. (Chiromancie.)

Apone. Fontaine située auprès de Padoue, qui guérissait toutes les maladies. Là se trouvait un oracle de Géryon, géant à trois corps, qui fut tué par Hercule.

Apophrades. Jours malheureux, chez les anciens.

Apotélesmatique n. f. Nom de l'astrologie au moyen âge.

Apparition n. f. Manifestation d'un esprit qui se montre aux hommes sous une forme corporelle.

Aquiel n. m. Démon que l'on évoque le dimanche.

Arachula. Mauvais esprit de l'air chez les Chinois voisins de la Sibérie.

Arael. Prince et gouverneur du peuple des oiseaux, chez les Juifs.

Araignée n. f. Les anciens considéraient comme un mauvais présage les toiles d'araignées qui s'attachaient aux statues des dieux et aux étendards.

Arcane n. m. Préparation mystérieuse à laquelle on attribuait des vertus extraordinaires. — Secret, mystère.

Archétype n. m. En science occulte, Dieu, en tant que Dieu unité, distinct de la nature et de l'humanité, qu'il perçoit et qu'il domine.

Ardad n. m. Démon qui, d'après les croyances orientales, égare ceux qui voyagent la nuit et les conduit dans des lieux déserts où il les égorge pour boire leur sang.

Ardents n. m. Productions de gaz inflammables qui paraissent en automne sur les bords des marais et que l'on prend pour des esprits follets, parce qu'on les voit voltiger.

Argyropée n. f. Prétention qu'avaient les alchimistes de faire de l'argent.

Arimane n. m. Diable, esprit du mal chez les anciens Perses.

Ariolistes n. m. Devins de l'antiquité qui consultaient les démons sur leurs autels et prédisaient ce que le diable leur inspirait.

Aristolochie n. f. Paille de sarrasin avec laquelle les magiciens prétendaient qu'on pouvait dénouer l'aiguillette en l'employant à des fumigations.

Arithmancie n. f. Prédiction par les nombres. Les Grecs examinaient le nombre et la valeur des lettres dans les noms de deux combattants et en auguraient que celui qui renfermait le plus de lettres et d'une plus grande valeur, appartenait au vainqueur.

Arma n. f. Fée bretonne.

Armomancie n. f. Divination par l'inspection des épaules des victimes.

Arquemie n. f. Ancien nom de l'alchimie.

Arquemieu n. m. (V. Arquemiste).

Arquemiste n. m. Ancien nom des alchimistes.

Arrêter le feu. Opération par laquelle certaines vieilles femmes des campagnes prétendent guérir les brûlures à l'aide de signes cabalistiques, paroles mystérieuses, etc.

Ars mathematica n. f. Nom donné autrefois à l'art magique, aux sciences occultes.

Art des esprits n. m. Il consiste dans le talent d'évoquer les esprits et de les obliger à découvrir des choses cachées.

Art hermétique. (V. art sacré).

Art notoire n. m. Sorte d'encyclopédie inspirée, attribuée à saint Jérôme selon les uns, à Salomon selon les autres, et qui renferme des signes cabalistiques auxquels on n'a encore rien compris.

Art notoire n. m. Partie de l'art cabalistique, dans laquelle on prétendait obtenir la science universelle par la seule contemplation de certaines figures ou l'articulation de certaines paroles.

Art de saint Anselme. Moyen prétendu de guérir en touchant les linges qui devaient envelopper une blessure et en prononçant certaines paroles.

Art de saint Paul. Moyen prétendu, disaient les charlatans, de prédire les choses futures d'après un secret enseigné à saint Paul, dans son voyage au troisième ciel.

Art sacerdotal. Les Egyptiens, d'après certains adeptes, donnaient ce nom à l'alchimie. Le secret de cet art était écrit en caractères hiéroglyphiques ; il n'était communiqué aux prêtres qu'après de longues épreuves et ne devait pas être révélé, sous peine de mort.

Art sacré n. m. L'art occulte des savants de l'école d'Alexandrie.

Aruspices n. m. Devins de l'antiquité, qui examinaient les entrailles des victimes pour en tirer des présages ; l'absence du cœur ou du foie annonçait de grands malheurs.

Aruspicine n. f. L'art des aruspices.

Arx n. f. Se disait, chez les anciens, de tous les lieux élevés où l'on prenait des augures.

Asaphins n. m. Sorciers chaldéens qui expliquaient les songes.

Ascaroth n. m. Démon qui est censé protéger les espions et les délateurs.

Ascik-Pacha n. m. Diable turc, qui rompt les sortilèges, favorise les accouchements, les intrigues secrètes, etc.

Asmodée n. m. Mauvais démon suivant les rabbins. — D'après quelques-uns, Asmodée est le serpent qui séduisit Eve.

Asmodei n. m. Esprit de la Kabbale correspondant au taureau.

Asoors n. m. Méchants génies qui, suivant les Indiens, font tomber les voyageurs dans des embûches.

Aspects n. m. En astrologie judiciaire, position relative du soleil, de la lune et des planètes au moment où on les consultait.

Aspect trine n. m. Se dit, en astrologie judiciaire, de deux planètes éloignées l'une de l'autre de 60 degrés.

Asperges (Racines d') n. f. Elles passent pour arracher sans douleur les dents malades.

Asphodèle n. f. Plante que les anciens cultivaient autour des tombeaux, avec la conviction que les mânes en mangeaient les tubercules.

Aspidomancie n. f. Divination qui, d'après quelques voyageurs, se pratique aux Indes. Le sorcier trace un cercle dans lequel il se place, évoque les démons, devient hideux et raconte ce que l'on veut savoir, d'après ce que le diable vient de lui révéler.

Aspiole n. m. Gnome, génie malfaisant.

Aspir n. m. Nom donné par le Dr Baraduc à la force vitale impressionnant une plaque sensible et sortant par le côté droit du corps.

Aspirail n. m. Trou pratiqué dans le fourneau des alchimistes pour y amener l'air.

Asrafil n. m. C'est l'ange terrible, qui, d'après les musulmans, doit réveiller tous les morts à l'heure du Jugement dernier, en sonnant de la trompette.

Assazoe n. f. Herbe de l'Abyssinie, qui passait pour engourdir les serpents et préserver les psylles de leurs morsures.

Astaroth n. m. Démon très puissant aux Enfers.

Astarté n. f. Femelle d'Astaroth, suivant quelques démonographes.

Astéroscopie n. f. Divination par les pratiques de l'astrologie et de la magie.

Astragalomancie n. f. Divination au moyen de dés ou d'osselets portant des lettres, que l'on jetait au hasard.

Astrolabe n. m. Instrument dont on se sert pour observer les astres et tirer les horoscopes.

Astrologie n. f. Pseudoscience qui attribue aux astres une influence imaginaire sur les corps et les événements terrestres.

Astrologie judiciaire n. f. Partie de l'astrologie qui juge les événements futurs et les prédit d'après la disposition des astres.

Athanor n. m. fourneau d'alchimiste.

Ating-ating. Vertu qui, chez les naturels des îles Philippines, passe pour rendre immortel.

Auguraculum n. m. Lieu où l'on mettait les poulets sacrés dans l'ancienne Rome.

Augures n. m. Interprètes des dieux qui, chez les Romains, prédisaient l'avenir d'après les météores, le vol, le chant et la façon de manger des oiseaux, etc.

Augurales libri. Le livre des augures, chez les Romains.

Aulne n. m. Génie malfaisant des légendes allemandes.

Ausitif. Démon peu connu.

Auspice n. m. Devin qui tirait ses présages du vol des oiseaux.

Auspices n. m. Présages d'après l'examen du vol des oiseaux.

Austromancie n. f. Divination d'après l'observation des vents.

Autopsie n. f. Sorte d'hallucination dans laquelle des fous se croyaient en commerce avec les esprits.

Autosuggestion n. f. Suggestion exercée par le sujet sur lui-même.

Autotranse n. f. Transe volontaire dans laquelle se plongent les fakirs indous.

Aventure (Bonne). Action qui consiste à prédire à quelqu'un, par des moyens divers, ce qui doit lui arriver.

Averne. Marais de Bayes, d'où sortaient des exhalaisons si mortelles, que l'on s'imaginait que là était l'entrée des Enfers.

Axinomancie n. f. Divination au moyen d'une hache qui, placée en l'air, sur une surface étroite, tombait quand on prononçait le nom de ce qu'on cherchait. La hache, implantée dans un billot de bois tombait, quand le coupable recherché y touchait.

Azaël n. m. Un des premiers démons révoltés, qui, d'après les légendes rabbiniques, est enchaîné dans un désert, sur des pierres pointues, en attendant le Jugement dernier.

Azariel. Ange, selon les rabbins du Talmud, qui a la garde des eaux de la terre; les pêcheurs l'invoquent pour prendre de beaux poissons.

Azoch, azock, azoth n. m. Noms que les alchimistes donnaient au mercure.

B

Baal n. m. Grand démon des Enfers, qui était adoré comme dieu par les Chaldéens.

Baars. Plante merveilleuse que les Arabes nomment *herbe* *d'or.* Elle croît sur le mont Liban ; invisible de jour , elle brille la nuit comme un petit flambeau ; elle rompt les charmes et les maléfices, et chasse les démons des corps des possédés.

Babailanas. (V. Catalonos).

Baccilogyre adj. Qui se rapporte à la rhabdomancie ou science des baguettes divinatoires qui tournent d'elles-mêmes.

Bad n. m. Génie des tempêtes, chez les Persans.

Baducke n. f. Plante que les sorciers employaient en infusion pour nouer l'aiguillette.

Bael n. m. Principal démon des puissances infernales.

Bætiles n. f. Pierres que les anciens croyaient animées et qu'ils consultaient comme des oracles.

Bagh n m. Nœud magique qui, d'après les croyances musulmanes , empêche les époux de consommer le mariage.

Baguette divinatoire n. f. Rameau fourchu de coudrier, de pommier, de hêtre ou d'aune, qui servait aux rhabdomanciens pour découvrir les sources et les trésors cachés.

Baguette magique n. f. Baguette formée de bois ou de fer magnétique, qui a pour but de condenser une grande quantité de. fluide émané de l'opérateur ou des substances disposées par lui à cet effet, et de diriger la projection de ce fluide sur un point déterminé.

Bahaman n. m. Génie qui, suivant une croyance des Perses, gouverne et adoucit les animaux domestiques.

Bahir. Nom du plus ancien livre des rabbins, qui traite des profonds mystères de la haute Kabbale des Juifs.

Balance n. f. Signe du zodiaque qui, d'après les croyances astrologiques, gouverne les reins et les fesses.

Bali n. m. Roi de l'Enfer, d'après les croyances indiennes.

Banschi n. f. Dame blanche qui est la reine des Elfes.

Banshee. Esprit qui s'attache à une famille , d'après une croyance des Irlandais et des Écossais, et qui apparaît avant la mort de chacun de ses membres.

Baptême diabolique n. m. Cérémonie du sabbat, dans laquelle les sorcières baptisent des crapauds et des petits enfants avec de l'urine du diable.

Baquet magnétique n. m. Cuve de bois de chêne pleine d'eau, surmontée de tiges métalliques avec laquelle Mesmer faisait ses expériences de magnétisme animal.

Barat. D'après les Bretons, maladie de langueur que l'on croyait le résultat d'un sort.

Barbiel n. m. Esprit que la Kabbale fait correspondre au scorpion.

Barchiel n. m. Esprit que la Kabbale fait correspondre aux poissons.

Barsom. Faisceau de branches liées avec un ruban, que les mages portaient dans certaines cérémonies.

Bascanie n. f. Fascination employée par les magiciens grecs, qui troublait tellement la vue qu'on voyait tous les objets d'une façon opposée, blanc ce qui était noir, carré ce qui était long, et joli ce qui était laid.

Basilic n. m. Serpent qui causait la mort par un seul regard et que l'on disait sorti d'un œuf de coq couvé par un crapaud.

Bath-Kol n. m. Divination particulière aux Hébreux, consistant dans le présage tiré d'un son ou d'une parole entendue par hasard.

Bâton augural n. m. Sorte de crosse dont se servaient les augures dans leurs divinations.

Bâton du bon voyageur n. m. Bâton de sureau qui, après avoir subi certaines préparations magiques, passait pour avoir la propriété de préserver des bêtes féroces ou venimeuses, des brigands, enfin de tous les périls que peut rencontrer un voyageur sur son chemin.

Batrachyte n. f. Pierre que l'on trouve dans le corps d'une grenouille, et qui possède de grandes propriétés contre les charmes, les maléfices.

Batscum-pacha n. m. Démon turc que l'on invoque en Orient pour obtenir les changements de température.

Baume-universel n. m. Elixir composé par les alchimistes, qui est un remède souverain contre toutes les maladies.

Bazéri n. m. Personnage moqueur et filou des légendes périgourdines.

Béchard n. m. Démon des tempêtes.

Béchet n. m. Démon que l'on conjure le vendredi.

Béhémoth n. m. Démon des croyances juives, qui symbolise la force brutale et qui, de préférence, prend la forme d'un renard, d'un loup ou d'un chien.

Bélial. Démon adoré des Sidoniens.

Beliche. Une des appellations du diable à Madagascar.

Bélier n. m. D'après les astrologues, ce signe du zodiaque gouverne la tête.

Bélomancie n. f. de **belos**, flèche. Divination d'après l'ordre selon lequel certaines flèches, marquées de signes, sortaient d'un carquois.

Belzébuth n. m. Prince des démons.

Bénibel n. m. Nom donné par les alchimistes au mercure hermétique.

Berger n. m. Le berger passait autrefois pour être en commerce avec le diable, et pour jeter des sorts et commettre des maléfices.

Bergmænchen n. m. Nain habitant les montagnes d'Allemagne et habile à travailler les métaux, d'après les légendes.

Beurré des sorcières n. m. Vomissement des chats *emporteurs*, donnés par le diable aux sorcières, qui les envoyaient voler ; ils étaient si gourmands, s'emplissaient si fort le ventre, qu'ils étaient obligés de rendre gorge. Leur vomissement se voyait dans les jardins potagers, il était de couleur aurore et s'appelait *beurre des sorcières*.

Beyrerra n. m. Démon indien, chef des âmes changées en démons aériens, et qui errent dans l'espace.

Bible du diable n. f. Grimoire contenant la théologie diabolique et les formules magiques.

Bibliomancie n. f. Epreuve qui consistait à reconnaître les sorciers en les pesant comparativement avec une bible.

Biergen-Trold. Esprits des bois et des montagnes dans les îles Féroé.

Bifrons n. m. Démon qui passait pour révéler à l'homme les influences des planètes.

Billets n. m. pl. Oracles qui se rendaient par écrit quand on ne voulait pas aller trouver le dieu dans son temple.

Bilis n. m. Démon malgache qui passe pour empêcher le riz de mûrir.

Bitabos n. m. Sorcier soudanais.

Bithie n. f. Sorcière scythe, qui tuait ou ensorcelait ceux qu'elle fixait.

Blockula n. f. Montagne que l'on supposait être le rendez-vous général des sorcières allemandes, où Guethe représente Méphistophélès comme conduisant Faust, et qui est sans doute le Brockenberg, dans la forêt de Hartz.

Blue devils. Nom donné en Angleterre à une hallucination de la vue due généralement à l'ivresse, et que, dans les croyances populaires, on prend pour des *diables bleus*, comme le nom l'indique.

Bodilis n. f. Fontaine de Bretagne, qui passait pour avoir la vertu d'indiquer si une jeune fille était encore vierge.

Bogle n. m. Lutin écossais.

Bohinum n. m. Démon du mal, chez les Arméniens.

Bois de vie n. m. Les Juifs nomment ainsi les deux bâtons qui tiennent la bande roulée sur laquelle est écrit le livre de leur loi ; l'attouchement de ces bâtons raffermit la vue et donne la santé.

Bolomancie n. f. de *bolos* flèche. Divination par le moyen des flèches, sur lesquelles on écrivait le nom des villes que l'on devait attaquer.

Bonda n. m. Poison d'épreuve que l'on fait avaler à un esclave, au Loango, quand une femme mariée devient grosse. Si l'esclave tombe, la femme est condamnée au feu comme adultère, et son complice enterré vif.

Bonnes n. f. Nom donné dans certaines provinces à des fées bienveillantes qui aiment les enfants, les protègent et veillent sur leur sommeil ; c'est de là que vient aux berceuses le nom de *bonnes d'enfants*.

Bonnet pointu n. m. Esprit inspirateur du bonnet des sorciers.

Botnnomancie n. f. Divination d'après l'inspection des plantes.

Bonzes n. m. Sorciers chinois qui prédisent l'avenir et exorcisent les démons.

Borax. Espèce de pierre que l'on est censé trouver dans la tête des crapauds et qui possède, entre autres propriétés merveilleuses, celle d'endormir.

Botris ou **botride** n. f. Plante possédant de grandes vertus et particulièrement celle de faire sortir facilement les enfants morts du sein de leur mère.

Bouc n. m. Le frottement du prépuce avec du suif de bouc, au moment du coït, garantissait à l'homme l'amour intégral et absolu de sa femme.

Bouc (Peau de) n. f. Pendant les lupercales, les prêtres de Mars couraient nus par les rues de Rome et frappaient le ventre et les mains des femmes avec une peau de bouc pour les rendre fécondes.

Bouc noir n. m. Forme sous laquelle le diable est censé se montrer à ses admirateurs. — Monture des sorcières, quand elles partaient par la cheminée pour se rendre au sabbat.

Bouillon de sabbat n. m. Bouillon dans lequel a cuit des enfants morts, de la chair de pendu, des poules ensorcelées, des grenouilles, etc. et qui rend professes en sorcellerie les sorcières dès qu'elles en ont bu.

Bousanthropie n. f. Maladie d'esprit qui frappait certains visionnaires en leur faisant croire qu'ils étaient changés en bœufs.

Bouton de Bachelier n. m. Plante dont la fleur ressemble à un bouton d'habit, que les paysans anglais portaient dans leur poche, et qui leur prédisait d'avance quel serait leur succès auprès de la jeune fille qu'ils demandaient en mariage, selon que ces boutons s'épanouissaient ou non.

Boyer n. m. Devin d'Amérique auquel les sauvages s'adressent dans les circonstances extraordinaires.

Bresagne n. f. Nom donné autrefois à l'effraie, considérée comme oiseau de mauvais augure.

Brizomancie. Art de deviner les choses cachées ou futures par les songes naturels.

Brocélinde n. f. Forêt enchantée du Finistère où vit Merlin, invisible à l'abri d'un bois d'aubépine.

Broucolaque n. m. Nom des vampires en Morée.

Brouette de la mort n. f. Dans la Basse-Bretagne, on croit généralement que lorsque quelqu'un va mourir, la brouette de la mort, couverte d'un drap blanc et conduite par des spectres, passe dans le voisinage ; l'agonisant entend même le bruit de la roue.

Brown Dwarf n. m. Nain brun des légendes écossaises, habitant les marécages des frontières.

Brownie n. m. Génie bienfaisant d'une famille, en Écosse, et qui se transmet par héritage.

Bubenquelle n. f. Source mystérieuse située à Ems (Allemagne) et dont l'eau jouit de la propriété merveilleuse de faire engendrer ou mettre au monde des garçons, quand on la boit.

Bucon n. m. Mauvais diable qui sème la discorde et la haine.

Buisson d'épines n. m. Chez les Grecs, dans l'antiquité, on attachait un buisson d'épines à la porte de la maison où il y avait un malade, pour en éloigner les esprits malfaisants.

Buzz. Certains démonologues prétendaient qu'un homme convaincu pouvait causer la mort d'un autre en secouant trois fois son chapeau et en s'écriant *buzz !*

Byleth n. m. Démon terrible, l'un des rois de l'Enfer.

C

Cabale n. f. Science occulte qui consistait à pratiquer des relations prétendues divinatoires avec des êtres surnaturels.

Cabaliste n. m. Adepte de la cabale.

Cabalistique adj. Qui appartient à la cabale.

Cachymie n. f. Corps métallique imparfait. (Alchimie).

Cacodémon n. m. Mauvais esprit. — Nom que les astrologues donnent à leur douzième maison du ciel parce qu'ils n'en tirent que des pronostics terribles.

Cactonite n. f. Pierre merveilleuse dont les anciens faisaient des talismans qui rendaient victorieux.

Cadmée ou **Cadmie**. Fossile bitumeux qui donne une teinte jaune au cuivre rouge et dont se servaient les alchimistes pour faire de l'or.

Caille (Cœur de) n. m. Il empêchait le divorce, si l'homme portait le cœur d'une caille mâle et la femme celui d'une caille femelle.

Caipora ou **Coepora** n. m. Génie des forêts au Brésil, de taille colossale, et dont la rencontre est un présage infaillible de malheur.

Caiporisme n. m. Mauvaise chance. (V. Caipora).

Calazophylace n. m. Prêtre ou sorcier qui, chez les anciens Grecs, passait pour avoir le pouvoir de détourner les orages par le sacrifice d'un agneau ou d'un poulet.

Caleguejers n. m. Génies les plus redoutables chez les Indiens.

Cali n. f. Sultane de l'enfer indien et reine des démons.

Caliban n. m. Mauvais génie.

Calice du sabbat n. m. A la messe du sabbat, les sorciers se servent d'une hostie et d'un calice noirs et invoquent le diable à l'élévation en disant ces mots : Corbeau noir ! corbeau noir !

Calundronius. Pierre magique qui chasse les mauvais esprits, résiste aux enchantements et donne à celui qui la porte la victoire sur ses ennemis.

Cambions. n. m. Enfants des démons.

Caméléon n. m. Sorte de lézard auquel les gens superstitieux attribuaient toutes sortes de vertus ; un plaideur était sûr de gagner son procès s'il portait sur lui la langue du caméléon arrachée pendant qu'il vivait ; son œil droit arraché, mis dans du lait de chèvre était un excellent remède contre la taie des yeux, etc.

Canate n. f. Montagne d'Espagne dont il est beaucoup parlé dans les anciennes chroniques. Au pied de cette montagne se trouvait une caverne où vivaient de mauvais esprits, lesquels enchantaient les chevaliers qui en approchaient.

Canathos. Fontaine de Nauplia, où l'on célébrait des mystères en l'honneur de Junon.

Cancer n. m. Signe du zodiaque qui, d'après les astrologues, gouverne la poitrine.

Canicule n. f. D'après une vieille superstition, les gens nés sous la canicule, étaient des gens emportés, violents, capables de tous les excès et en qui l'on ne devait avoir aucune confiance.

Canidia n. f. Célèbre magicienne qui enchantait au moyen des figures de cire, et obligeait la lune à descendre du ciel par ses conjurations magiques.

Canterne n. f. Nom de certains enchantements et maléfices.

Caous n. m. Génies malfaisants qui habitent les cavernes du Caucase.

Capim n. m. Suc d'une liane amère qui produit un engourdissement semblable à celui du haschich et que les Indiens du Brésil servent aux candidats au titre de *pagé* ou sorcier.

Capnomancie n. f. Divination par l'examen de la fumée d'un foyer.

Cappautas. Pierre brute de Laconie qui passait pour avoir la propriété de guérir de la folie ceux qui allaient s'asseoir dessus.

Capricorne n. m. Signe du zodiaque auquel les croyances astrologiques font gouverner les genoux.

Caqueux ou **cacoux** n. m. Nom de certains cordiers en Bretagne ; ils inspiraient une vive répulsion, parce qu'ils fabriquaient des cordes, autrefois instruments de mort et d'oppression ; ils n'entraient jamais à l'église et ne se mariaient qu'entre eux. Ils passaient encore pour sorciers et en profitaient pour vendre des talismans, des amulettes, etc. On assurait que le Vendredi-Saint, les caqueux perdaient du sang par le nombril.

Carmentes n. f. Déesses tutélaires des enfants dans l'antiquité.

Carré magique n. m. Carré divisé, dans les cases duquel les nombres sont écrits dans leur suite naturelle, de façon à donner toujours la même somme, quel que soit l'ordre dans lequel on les additionne.

Carrefour n. m. Endroit où quatre chemins aboutissent et où l'on disait que les sorciers avaient coutume de se réunir pour faire le sabbat ; c'est également dans ce lieu qu'on tue la poule noire pour évoquer Satan.

Cartes tarotées n. f. (V. Tarots).

Cartomancie n. f. Divination par les cartes.

Casso ou **Alouette** n. f. On prétend que celui qui porte sur soi les pieds de cet oiseau, aura toujours l'avantage sur ses ennemis ; l'œil droit de l'alouette mis dans du vin fera chérir de la personne à qui on l'aura fait boire.

Cataboliques n. m. Démons qui emportent les hommes, les brisent, les tuent.

Catalonos n. f. Prêtresses des Indiens qui prédisent l'avenir ; elles sacrifient un cochon qu'elles offrent, en dansant, aux mauvais génies et aux âmes des ancêtres, qui, selon la tradition des Indiens, fixent leurs demeures sous de grands arbres.

Catanancie n. f. Plante, qu'en Thessalie, les femmes employaient dans leurs philtres.

2

Cataramouchia. Sorte d'anathème grec qui donne, dit-on, la fièvre lente, dont on meurt en six semaines.

Catoblebas n. m. Sorte de serpent, qui, d'après Pline, donnait la mort à ceux qu'il regardait.

Catoptromancie n. f. Divination d'après les figures apparaissant dans un miroir regardé fixement pendant un certain temps.

Cauchemar n. m. Au xve siècle on appelait le cauchemar *chauche-poulet*. Les croyants voyaient dans l'embarras de respirer, un sorcier ou un monstre, même un démon, qui pressait le ventre des gens endormis, les empêchait de crier pour demander du secours ; on ne connaissait, comme remède au cauchemar que la suspension d'une pierre creuse dans l'écurie de sa maison.

Causimomancie n. f. Art des anciens mages de prédire l'avenir par le feu. C'était d'un heureux présage si les objets jetés au feu n'y brûlaient pas.

Ceinture magique n. f. Au moyen âge, on croyait qu'une ceinture de fougère, cueillie la veille de la Saint-Jean, à midi, et tracée de façon à former le mot magique *HVTY* et portée par un malade, guérissait de toutes les maladies intérieures.

Céphalonomancie n. f. Divination par la tête d'un âne.

Céraunoscopie n. f. Divination pratiquée autrefois chez les anciens par l'observation des éclairs et de la foudre et par l'examen des phénomènes de l'air.

Cercle des fées n. m. Cercle de verdure que l'on remarque dans les lieux arides et que les croyances populaires attribuent aux fées.

Cercle magique n. m. Cercle que les magiciens tracent sur le sol et au centre duquel ils s'établissent pour évoquer le démon qui tourne autour du cercle sans pouvoir y entrer. — Cercle qui symbolise la volonté de l'opérateur et isole celui-ci de toute mauvaise influence extérieure et dans lequel doit être exécutée l'opération magique.

Cerne n. m. Nom que l'on donnait jadis au cercle que les sorciers traçaient pour évoquer les démons.

Céromancie n. f. Divination par la forme que prenait la cire fondue en se refroidissant ou en tombant en gouttelettes dans un liquide.

Chaîne du diable n. f. Il est de tradition, parmi les vieilles femmes de Suisse, que saint Bernard tient le diable enchaîné dans une des montagnes qui environnent l'abbaye de Clairvaux. C'est de cette croyance qu'est venue l'habitude des maréchaux du pays de frapper, tous les lundis, trois coups de marteau sur l'enclume pour resserrer la *chaîne du diable*, de crainte qu'il ne puisse s'échapper.

Chaîne magique n. f. Champ d'attraction fluidique que le magiste crée autour de soi, tant dans le monde invisible que dans le monde visible, et dont les anneaux sont un maître décédé, ancien ou moderne, et un ami sérieux et discret (origine des sociétés d'initiation).

Chaldéens n. m. Habiles magiciens orientaux qui perfectionnèrent l'astrologie.

Chaman ou **Schaman** n. m. Sorcier sibérien.

Chant du coq n. m. On disait que le premier chant du coq mettait en déroute les sorciers et dissipait le sabbat.

Chapeau venteux. Surnom d'Éric, roi de Suède. Il avait fait un pacte avec le diable, et lorsqu'il voulait faire changer les vents, il tournait son bonnet pour indiquer au démon de quel côté il les voulait, celui-ci ne manquait jamais de lui obéir.

Chapelet. n. m. Était considéré comme indice de sorcellerie, tout chapelet dont la croix était brisée ou endommagée.

Char de la mort. (V. brouette).

Charadrius n. m. Oiseau affreux dont les rabbins prétendaient que le regard guérissait de la jaunisse.

Charlatan n. m. Opérateur ambulant, qui prétend guérir certaines maladies ou affections à l'aide de drogues qu'il vend au public.

Charlatanerie n. f. Action de charlatan.

Charlatanisme n. m. Art du charlatan.

Charme n. m. Influence magique.

Chasaph. Sorcière du moyen âge qui trafiquait des poisons.

Chasdins n. m. Sorciers, astrologues chaldéens qui prédisaient l'avenir par différents moyens.

Chassi n. m. Démon ayant le pouvoir de tourmenter quiconque tombe entre ses mains.

Chat-huant n. m. Rapace nocturne, que l'on considérait comme un oiseau de mauvais augure.

Chaudron n. m. On croyait que frapper sur un chaudron éloignait les mauvais esprits. Cette croyance tenait à la vertu attribuée au cuivre pur de chasser les spectres et les fantômes.

Chauve-souris n. f. Chez nous, cet animal figurait au sabbat, tandis que les Caraïbes le considèrent comme un bon ange qui veille à la sûreté des maisons.

Chauve-souris (Sang de) n. m. Il faisait voir, aussi bien la nuit que le jour, ceux qui s'en barbouillaient la face.

Cheïtan n. m. Démon arabe qui passait pour avoir été créé avec de la fumée.

Chemens n. m. Bons génies, chez les Caraïbes, chargés de veiller sur les hommes.

Chemise de nécessité n. f. Sorte de chemise chargée de croix et de caractères magiques que portaient les sorcières allemandes et qui les préservait de tous les maux.

Chêne du destin n. m. (V. Chêne des fées de Bourlemont).

Chêne des fées de Bourlemont n. m. Chêne au pied duquel les juges de Jeanne d'Arc l'accusèrent de « s'être rendue pendant les heures du service divin, dansant, sautant, faisant différents gestes autour de l'arbre et de la source qui était au pied, suspendant aux branches des couronnes et des guirlandes de fleurs préparées dans ce dessein, et faisant revivre les honneurs idolâtres qu'on avait rendus sur le même lieu, dans les temps anciens, au *genius loci*. »

Chevaliers de l'Enfer n. m. Démons que l'on peut évoquer depuis le point du jour jusqu'au lever du soleil et depuis le coucher du soleil jusqu'à la nuit.

Chevesche n. f. Sorte de chouette qui suce le sang des enfants. — On donne encore ce nom de *chevesche* aux sorcières parce qu'elles suçaient aussi le sang comme les oiseaux de ce nom.

Chevillement n. m. Maléfice qui consistait à enfoncer, avec accompagnement de formules cabalistiques, une cheville dans un mur pour mettre une personne dans l'impossibilité d'uriner.

Chibados n. m. Célèbres sorciers du royaume d'Angola.

Chien n. m. Cette bête était considérée comme le fidèle compagnon des magiciens. On prétendait que le diable prenait souvent cette forme comme étant un bon déguisement. Les chiens à pelage noir étaient surtout considérés comme hantés par le diable.

Chien (Fiente de) n. f. Versée en poudre dans leur breuvage, sans que les malades le sachent, elle les guérissait de l'hydropisie.

Chikk n. m. Démon malfaisant des légendes arabes.

Chiridirellès n. m. Démon que l'on rencontre sous la forme d'un passant à cheval et qui remet dans la bonne route les voyageurs égarés.

Chiromancie n. f. Divination d'après l'examen des lignes de la main.

Chiromancie astrologique n. f. Celle qui examine les influences des planètes sur les lignes de la main et croit pouvoir déterminer le caractère et prédire l'avenir en calculant ces influences.

Chiromancie physique n. f. Celle qui, par la simple inspection de la main, devine le caractère et les destinées des personnes.

Chœromancie n. f. Divination par le moyen des pourceaux.

Chorea Elvarum n. f. Danse des esprits dans les légendes du Nord.

Chorea gigantum n. f. Danse des géants.

Chouette n. f. A Athènes et en Sicile, la vue de cet oiseau était de bon augure ; partout ailleurs, on le considérait comme étant d'un mauvais présage.

Chresmagore adj. Qui rend des oracles.

Chrysopée n. f. Nom que les alchimistes donnent à la pierre philosophale.

Chrysoprase n. f. Pierre précieuse à laquelle on attachait la vertu de fortifier la vue et de rendre gai.

Clairvoyance n. f. Vue attribuée aux personnes endormies du sommeil magnétique.

Clavicules ou **Clavicules de Salomon** n. f. Ouvrage sur l'occultisme qui a été attribué à Salomon et qui est un trésor des sciences occultes traduit de l'hébreu. On y trouve décrite la grande évocation qui synthétise en une cérémonie tous les enseignements magiques.

Clédomancie n. f. Divination d'après les tas de sable formés sur une surface plane quelconque.

Clédonismancie n. f. Divination d'après certaines paroles entendues ou prononcées dans certaines rencontres.

Clédonisme n. m. Divination d'après le chant des oiseaux.

Clef des songes. Opuscule qui traite de l'explication des songes.

Cléidomancie n. f. Divination d'après les mouvements exécutés par une clef quand on prononçait le nom d'un criminel ou d'un endroit renfermant un trésor.

Cléromancie n. f. Divination d'après les agglomérations formées par les cailloux ou les petits pois jetés sur une surface unie. Elle se faisait aussi par le jet des dés et des osselets.

Clidomancie n. f. Divination d'après les mouvements d'une clef suspendue.

Clofye n. m. Oiseau africain, noir, qui prédit aux nègres d'heureux événements lorsqu'il s'élève dans les airs, en chantant, et en annonce de mauvais lorsqu'il s'abaisse.

Cluricaun n. m. Nain des légendes irlandaises qui prend la forme d'un petit vieillard.

Colléhites. Pierres que l'on disait propres à chasser les démons et à prévenir les sortilèges.

Conjurateurs n. m. Sorciers, magiciens qui se disaient capables de conjurer les démons, les tempêtes.

Conjuration n. f. Paroles magiques que l'on suppose propres à conjurer les effets d'une influence maligne.

Contre-charmes n. m. Charmes employés pour anéantir l'effet d'autres charmes.

Convulsionnaires n. m. Jansénistes qui, pour protester contre le rétablissement de la bulle *Unigenitus*, par le cardinal Fleury, se livrèrent à des convulsions hypocrites et à des extases affectées sur le tombeau du diacre Pâris, dans le cimetière Saint-Médard, en 1727.

Coq n. m. (V. Chant du coq).

Coquille d'œufs n. f. Au moyen âge, les magiciens écrivaient à l'intérieur des coquilles d'œufs vides des signes cabalistiques qui attiraient des malheurs effroyables ; d'où l'habitude de briser les coquilles d'œufs après les repas, qui s'est conservée jusqu'aujourd'hui.

Corbeau n. m. D'après les croyances superstitieuses, la rencontre de cet oiseau était d'un mauvais présage et annonçait la maladie ou la mort de quelqu'un.

Corneille n. f. Le chant de cet oiseau était considéré comme d'un mauvais augure.

Cornes n. f. Lorsque dans la rue, on rencontrait un homme que l'on supposait sorcier, ou qu'on lui parlait, on lui faisait discrètement les cornes, pour conjurer l'effet de son influence magique.

Corps astral n. m. Nom donné par l'école de Paracelse à la force qui agit dans l'homme,

2.

en dehors de la conscience. C'est l'*inconscient* des philosophes.

Corsned. Epreuve, chez les Anglais, consistant à faire manger à un accusé à jeun, une once de pain et de fromage, consacrée après certaines cérémonies, et qui devait l'étouffer s'il était coupable.

Corybantisme n. m. Espèce de délire dont ceux qui en étaient atteints passaient pour être possédés.

Coscinomancie n. f. (V. Cosquinomancie).

Cosquinomancie n. f. Divination qui se pratique au moyen d'un crible, d'un sas, d'un tamis et qu'on employait lorsqu'on voulait connaître l'auteur d'un vol. On posait le crible sur deux tenailles qu'on prenait avec deux doigts, puis on nommait les personnes soupçonnées du larcin et on jugeait coupable celle au nom de qui le crible tremblait ou tournait.

Couches n. f. On croyait, en certains pays, faciliter l'accouchement d'une femme, si on liait à sa ceinture la corde d'une cloche de l'église, et si l'on sonnait trois coups.

Coucou n. m. On croit, en Bretagne, lorsqu'on entend chanter cet oiseau, qu'il indique l'année précise où l'on doit se marier. — S'il chante deux fois, ce sera dans deux ans, etc.

Courbes adj. Se dit, en graphologie, de lettres qui s'arrondissent.

Cour infernale n. f. Cour de Belzébuth, composée de princes, dignitaires, ministres, etc. décrite par certains démonographes.

Couril n. m. Esprit ou sorcier nain, à pattes d'oie, tantôt malicieux, tantôt serviable, qui hante les pierres druidiques en Bretagne et en Irlande.

Couronne nuptiale n. f. En Suisse, dans l'Entelbuch, le jour des noces, après les danses, une femme vêtue de jaune faisait brûler la couronne virginale de la jeune épousée, et, du pétillement des flammes, tirait de bons ou de mauvais augures pour les nouveaux mariés.

Couropira n. m. Nain boiteux et difforme des légendes indo-brésiliennes.

Courroie de sandale n. f. Sa rupture était considérée par les Romains comme un mauvais présage. Cette croyance a persisté dans certaines provinces, relativement à la rupture de la bride du sabot.

Craca n. f. Magicienne qui, d'après certaines légendes, changeait en pierre les objets qu'on posait devant elle sur une table.

Crachat n. m. Il jouait un grand rôle dans les opérations magiques. Cracher sur soi était un fâcheux présage. Cracher trois fois sur son sein préservait de tous charmes et fascinations. Le crachat guérissait des écrouelles.

Crachat de la lune n. m. Matière de la pierre philosophale avant sa préparation.

Crâniomancie n. f. Divination par l'inspection du crâne.

Crânologie n. f. (V. Phrénologie).

Crapaud n. m. Le diable les baptisait au sabbat. Les sorcières en avaient toujours dans leur demeure:

Crapaudine n. f. Pierre qui était censée exister dans la tête des crapauds et dont les sorciers se servaient pour leurs maléfices.

Cratéis n. f. Déesse des sorciers et des enchanteurs.

Crible n. m. (V. Coscinomancie).

Criériens n. m. Fantômes de l'île de Sein, que les pêcheurs croyaient être les âmes des naufragés demandant la sépulture pour ceux-ci.

Crises n. f. Nom donné par Mesmer aux convulsions qui agitaient ceux qui se prêtaient aux expériences de son baquet magnétique.

Cristallomancie n. f. Divination d'après les figures réfléchies par un miroir ou tout autre objet poli.

Crithomancie n. f. Divination d'après les figures formées par la farine d'orge répandue dans les sacrifices.

Croix tronquée n. f. Croix que portaient les sorcières, dans la croyance que le diable ne peut approcher d'une croix intacte.

Crommyomancie ou **Cromniomancie** n. f. Divination par les oignons, que l'on plaçait sur l'autel après y avoir écrit des noms de personne. L'oignon qui germait le premier indiquait que la personne dont il portait le nom était en bonne santé.

Croquemitaine n. m. Ogre dont on épouvantait jadis les enfants.

Cubomancie n. f. Divination au moyen de dés ou cubes, portant des lettres, que l'on jetait au hasard.

Cuire la neige loc. Soumettre, dans l'ancienne alchimie, le mercure hermétique à l'action du feu.

Cumes. Ancienne ville d'Italie où était la grotte de la sibylle de ce nom.

Cymbale n. f. Chaudron dans lequel les sorcières mangeaient la soupe au lard dans leurs réunions du sabbat.

Cylindres n. m. Amulettes cylindriques ornées d'hiéroglyphes que les Perses et les Égyptiens portaient au cou.

Cynanthropie n. f. Frénésie dans laquelle les possédés s'imaginent être changés en chiens.

D

Dactyliomancie n. f. Divination d'après les anneaux magiques.

Dactylomancie n. f. (V. Dactyliomancie).

Dame n. f. En astrologie, chacune des planètes dominantes dont le nom est féminin.

Dames blanches n. f. Êtres surnaturels que les Allemands et les Écossais croient attachés à la destinée de certaines familles, et qui apparaissent lorsqu'un de leurs membres veut mourir. Telle, la Dame blanche du château de Postdam, qui passe pour annoncer la mort des princes de la famille royale de Prusse.

Dames du lac n. f. Nom donné à plusieurs fées.

Damnum minatum et malum secutum. Malheur ayant suivi de près une menace faite, qu'on supposait être la suite nécessaire des menaces d'un sorcier.

et qui suffisait à faire condamner celui-ci à mort.

Danse des esprits, des fées, des géants n. f. Rondes exécutées par les esprits, les fées, etc.

Danse macabre ou **danse des morts** n. f. Danses accompagnées de sentences lugubres, qui s'exécutaient au moyen âge dans les cimetières.

Danses du Sabbat n. f. Danses effectuées au sabbat, dans lesquelles les démons dansaient avec des sorcières, en prenant la forme de boucs. Ces danses passaient pour rendre les hommes furieux et faire avorter les femmes.

Daphnéphages n. m. Devins de l'antiquité qui mangeaient des feuilles de laurier, arbre consacré à Apollon, pour se donner l'inspiration.

Daphnomancie n. f. Divination d'après les pétillements d'une branche de laurier jetée au feu, ou d'après la mastication de ses feuilles.

Dards magiques n. m. Dards de plomb, longs d'un doigt, que les Lapons lançaient contre leurs ennemis absents, pour déchaîner sur eux les maladies.

David Jones n. m. Mauvais génie qui, d'après les matelots anglais, est le maître de tous les esprits malfaisants de la mer.

Deceptio visus. (V. Glamour).

Delhan n. m. Démon arabe qui habite les îles et attaque les vaisseaux.

Demi-métaux n. m. Ceux auxquels la chaleur faisait perdre leur éclat et leur ductilité. (Alch.)

Démon n. m. Génie bon ou mauvais que l'on supposait attaché à la destinée d'un individu, d'une ville, d'un État. — Le diable.

Démon barbu n. m. Ainsi appelé à cause de sa longue barbe et qui est censé enseigner le secret de la pierre philosophale.

Démons souterrains n. m. Ceux qui passaient pour rendre bouffi le visage des hommes, par la seule puissance malfaisante de leur haleine.

Démon familier n. m. Bon génie qui hante une personne, une maison.

Démonerie n. f. Commerce avec les démons.

Démoniaque adj. Possédé du démon.

Démonicole adj. Qui rend un culte aux démons.

Démonisme n. m. Croyance aux démons.

Démonocratie n. f. Puissance des démons.

Démonographe n. m. Celui qui écrit sur les démons.

Démonographie n. f. (V. Démonologie).

Démonolâtrie n. f. Adoration des démons.

Démonologie n. f. Science de l'influence et de la nature des démons.

Démonomanie n. f. Maladie mentale dans laquelle le malade se croit possédé du démon.

Dendromancie n. f. Divination d'après la direction des troncs ou des branches d'arbres.

Destin n. m. Influence secrète qui règle les événements futurs.

Devin n. m. Individu qui fait

métier de deviner, de pronostiquer, d'expliquer les songes.

Dews. Mauvais esprits des Persans.

Dharama n. m. Phase de l'automagnétisation des fakirs indous, durant laquelle la sensibilité et le mouvement volontaire cessent complétement, pendant que le corps est capable de garder n'importe quelle posture.

Diable n. m Mauvais génie. — D'après les croyances chrétiennes, ange déchu.

Diablerie n. f. Sortilège, maléfice. Autrefois, dans le Bassigny, à l'occasion de certaines fêtes, des groupes d'hommes s'habillaient en diable et parcouraient les campagnes pendant trois jours ; les habitants, craignant de se voir jeter des sorts par les diables, donnaient à ceux-ci de l'argent et des victuailles pour les éloigner, d'où le dicton chaumontais : « S'il plaît ay Dieu et en lay bonne sainte Vierge, not'homme seray diable et j'paierons nos dettes. »

Diamant n. m. Il passait pour calmer la colère et entretenir l'union entre les épous ; d'où son nom de *pierre de la réconciliation*.

Diémats n. m. Talismans qui passent pour rendre invulnérables les guerriers javanais.

Div n. m. Démon persan.

Divination n. f. Art de prédire l'avenir ou de découvrir les choses cachées, qui est censé procéder d'une révélation surnaturelle.

Djan n. m. Le moins puissant des démons arabes.

Djinn n. m. Démon, farfadet oriental créé avec de la flamme.

Doane shi (les bonnes gens). Nom donné aux elfes en Ecosse.

Domifier v. En astrologie judiciaire, diviser le ciel en douze parties, qui s'appellent maisons, pour dresser un horoscope.

Drac n. m. Esprit familier, fée bienfaisante.

Dragon rouge n. m. Ouvrage de sorcellerie du xvie siècle, qui indique l'art de commander les esprits, de faire parler les morts, de découvrir les trésors cachés, etc.

Dragon volant n. m. Serpent ailé dont les anciens mangeaient le cœur et le foie pour devenir sorciers.

Drap mortuaire n. m. Il jouissait de propriétés merveilleuses. Une mèche faite avec le drap d'un mort et allumée dans une chambre permettait de voir des choses surnaturelles. Une mèche fabriquée avec un drap mortuaire arrosé du sang d'une grenouille verte et trempée dans de l'huile de sureau permettait de voir, dans une lampe verte, un homme noir qui tenait une lumière à la main. Un drap mortuaire coupé en quatre mèches, enfermant de la graisse de serpent, faisait voir une chambre pleine de serpents.

Drapé (Lou) n. m. Cheval fabuleux qui, à Aigues-Mortes, passait pour enlever les enfants et les loger dans sa croupe, qui s'allongeait à mesure qu'il la remplissait.

Driff n. m. Pierre à laquelle on attribuait la vertu de guérir les maladies les plus redoutables, à cause de sa propriété d'attirer le venin.

Drolles n. m. Démons du Nord, qui passent pour s'acquitter des services domestiques et avertir des dangers.

Drows n. m. Gens à qui les habitants des Shetland et des Orcades attribuent des connaissances surnaturelles.

Dsigofk n. m. Enfer japonais, où les méchants sont poursuivis en raison du nombre et de la qualité de leurs crimes.

Dugol n. m. Sorcier chez les Araucans.

Dun-shi. Montagne hantée par les fées, en Ecosse.

Dysers n. f. Déesses qui conduisaient les âmes des héros au palais d'Odin.

E

Eau lustrale n. f. Eau ordinaire dans laquelle on éteignait un tison ardent pris au foyer du sacrifice, et dont les druides se servaient pour chasser les maléfices.

Eclectique adj. Se dit, en graphologie, de l'écriture dont les lettres sont disparates de forme et de grandeur.

Ecrégores n. m. pl. Les pères des géants, d'après un livre apocryphe d'Enoch.

Eerie n. f. Nom donné par les Anglais à la terreur superstitieuse qu'éprouvent ceux qui croient aux esprits, fantômes, apparitions, etc.

Effluves magnétiques n. f. Emanations attribuées par les partisans du magnétisme animal à un prétendu fluide magnétique.

Egithe n. m. Espèce d'épervier boiteux dont la rencontre était d'un heureux présage pour les nouveaux mariés.

Electroïde n. m. Fluide nouveau, découvert par Rychnouski de Lemberg ; ce fluide aurait sa source dans l'électricité et on le regarderait comme l'agent universel de la vie des êtres, aussi bien que des phénomènes terrestres ou sidéraux.

Elfbolt. Arme que les elfes lancent aux hommes, aux animaux, et qui ne manque jamais de percer les cœurs.

Elfe ou **Elde.** Génie de la mythologie du Nord, qui n'apparaissait qu'aux enfants nés le dimanche ; ce sont aussi des génies de l'air qui, parfois, volaient les enfants.

Elixir de vie. On prétendait que cet élixir avait le don de guérir de toutes les maladies et de prolonger la vie au-delà des limites ordinaires.

El - Kihana. La divination dans la magie diabolique arabe.

Elossite n. f. Sorte de pierre que l'on prétend avoir la vertu de guérir les migraines.

Ellwain n. m. Esprit errant des légendes écossaises.

Emanation n. f. Emission d'un fluide par un corps.

Emerande n. f. Pierre à laquelle la superstition a longtemps attribué des vertus extraordinaires, entre autres celle d'arrêter la dysenterie et d'empêcher la morsure des bêtes venimeuses.

Empuse n. m. Démon du midi que les paysans grecs et russes redoutent à l'époque des foins et des moissons. Ce monstre est représenté comme un horrible spectre qui prend à volonté diverses formes , chien , bœuf , vipère, etc., et dont le regard rompt bras et jambes aux moissonneurs s'ils ne se précipitent le visage contre terre quand ils l'aperçoivent.

Enchantements n. m. Opérations magiques qui ont pour but de charmer, d'ensorceler.

Enchanter v. Se livrer à des enchantements.

Enchanterie n. f. Moyen employé pour produire des enchantements.

Enchanteur n. m. Celui qui charme par des sortilèges.

Endriague n. m. Monstre fantastique. (V. Andriague).

Energumène n. m. Possédé du démon.

Enfer des convulsions n. m. (V. Salle des crises).

Engastrimancie n. f. Divination par l'inspection du ventre.

Engastrimisme n. m. Art des ventriloques qui était jadis attribué aux magiciens.

Engastrimythes ou **Engastrimandres** n. m. pl. Devins ventriloques. — N. f. Prêtresses d'Apollon qui rendaient des oracles sans remuer les lèvres.

Enoch (V. Hénoch).

Enoptromancie n. f. Divination qui se faisait par le moyen d'un miroir.

Ens astrale. Une des influences de Paracelse attribuable aux astres.

Ens Dei. Influence de Paracelse attribuable à la divinité.

Ens naturale. Une des in-fluences de Paracelse attribuable à l'action de la nature.

Ens spiritale. Une des influences de Paracelse attribuable aux esprits.

Ens veneni. Une des influences de Paracelse attribuable au régime.

Ensorcellement n. m. Maléfice jeté sur une personne ou un objet.

Ensorceler v. Jeter un sort.

Envoussure n. f. (V. Envoûtement).

Envoûtement n. m. Opération magique qui consiste à jeter un maléfice à quelqu'un en piquant et en brûlant une image de cire de la personne à laquelle on veut du mal. L'envoûtement se pratique aussi par contact, en touchant et même en regardant celui, celle que l'on veut envoûter.

Envoûter. Pratiquer l'envoûtement.

Envoûture n. f. (V. Envoûtement).

Eon n. m. Être surnaturel que certaines philosophies supposent exister entre l'homme et la divinité.

Epée magique n. f. Corps pointu destiné à servir à la défense de l'opérateur magicien et qui doit toute sa qualité à la pointe qui la termine.

Ephésiennes n. f. pl. Lettres magiques qui figuraient sur la couronne, la ceinture et les pieds de la statue des dieux à Ephèse ; quiconque les prononçait était aussitôt comblé de ce qu'il désirait.

Epopte n. m. Initié aux grands mystères antiques, qui avait le droit de tout voir.

Erl-Konig n. m. Esprit des légendes allemandes qui vivait dans les chênes.

Eromancie n. f. Sorte de divination pratiquée chez les Perses, au moyen de l'air. Ils s'enveloppaient la tête d'une serviette, exposaient à l'air un vase plein d'eau et demandaient à voix basse ce qu'ils désiraient. Si l'eau arrivait à bouillonner, c'était un heureux présage.

Erronhani n. f. Magie musulmane consistant dans des vertus surnaturelles attachées à certains passages du Coran, dans la connaissance du monde, des esprits, et qui ne peut avoir pour but que des actions licites.

Esotérisme n. m. Ensemble des actions magiques qui ont pour objet d'utiliser le rayonnement astral par l'action personnelle du magiste et qui comprend : les actions produites sur l'homme (hypnotisme, magnétisme) ; les actions produites sur la nature (conjurations, incantations) ; les actions produites par la combinaison de l'incantation et du rayonnement magnétique (médecine occulte).

Esprit n. m. Dans les croyances modernes du spiritisme, l'esprit d'une personne qui a vécu.

Esprits n. m. Êtres ultra-terrestres avec lesquels les prétendus médiums sont censés se mettre en rapport.

Esprits n. m. Parties subtiles et volatiles, que les anciens regardaient comme propres à régir la vie du corps et le fonctionnement des organes. Ces esprits étaient les :

Esprits animaux n. m. Esprits relatifs au cerveau ;

Esprits naturels n. m. Esprits relatifs au foie ;

Esprits vitaux n. m. Esprits relatifs au cœur.

Esprit du foyer n. m. Démon familier, en Chine, qui enregistre les bonnes et les mauvaises actions de la journée.

Esprit-follet n. m. Génie qui s'attache à une famille ou à une maison pour la favoriser ou pour lui nuire.

Es-sehr. L'enchantement dans la magie diabolique musulmane.

Etoile n. f. Influence que l'on attribuait autrefois aux étoiles sur la destinée des hommes.

Etraphill n. m. L'un des anges musulmans ; il sera chargé d'annoncer le Jugement dernier, en sonnant de la trompette.

Etre impulsif n. m. L'être en tant qu'il est caractérisé par la neutralité absolue et l'obéissance machinale à la plus forte excitation ressentie.

Euboïque n. f. Nom donné parfois à la sibylle de Cumes.

Eudémon n. m. En astrologie, quatrième maison dans la figure du ciel, qui marque les succès, la prospérité. — Démon favorable.

Evangélides. L'oracle des Évangélides était à Milet et passait, après celui de Delphes, pour le meilleur de la Grèce.

Evocation n. f. Opération magique par laquelle on prétend faire apparaître les ombres des morts.

Exorcisme n. m. Cérémonie superstitieuse et quelquefois religieuse ayant pour but de chasser le démon du corps d'un possédé.

Exorciste n. m. Celui qui conjure le démon.

Exotérisme n. m. Ensemble des actions magiques que la foule et les non initiés peuvent connaître.

Expir n. m. Nom donné par le docteur Baraduc à la force vitale impressionnant une plaque sensible et sortant par le côté gauche du corps.

Extaris olla n. f. Chaudière dans laquelle on faisait cuire les entrailles des victimes, dans l'antiquité.

Extase n. f. État qui se manifeste extérieurement par la catalepsie, la fixité du regard, un rythme respiratoire particulier, et dans lequel il y a extériorisation du corps astral et vision à distance. (Autrefois **Iliaps**).

Extériorisation n. f. Manifestation, à l'extérieur et à distance, des qualités, attributs, aptitudes d'une personne, sous l'influence des actions magiques, magnétiques, hypnotiques, etc.

Extispices n. m. pl. Surnom des aruspices.

Extispicine n. f. Inspection des entrailles des victimes, par lesquelles on croyait que se manifestait la volonté des dieux, dans l'antiquité.

Extispicium n. m. Instrument destiné à fouiller dans les entrailles des victimes.

F

Fadi n. m. Coutume malgache; le *fadi* rend inviolable et sacré l'objet auquel on l'applique.

Fakir n. m. Indou qui se livre par charlatanisme ou par idée religieuse, à des pratiques mystérieuses qui le mettent dans un état en contradiction apparente avec les lois physiologiques : sommeil prolongé, manque de nourriture, mort apparente, etc.

Fantôme n. m. Apparition surnaturelle qui n'est que l'affirmation, dans le monde extérieur, des images existant dans l'esprit. Les anciens croyaient que l'on ne risquait rien des fantômes quand on tenait à la main un bouquet d'orties et de millefeuilles.

Fantôme volant n. m. On croit, en Basse-Bretagne, qu'il existe un fantôme volant, qui vit dans les airs et qui, au moment d'un orage, déracine les arbres et renverse les chaumières.

Fascination n. f. Opération magique, dans laquelle l'œil du fasciné agit comme miroir magique et reçoit les impulsions fluidiques émanées de l'œil du fascinateur.

Fascination n. f. Charme, enchantement. — Action exercée sur la vue d'une personne et qui lui fait voir les choses sous un certain aspect.

Farfadet n. m. Esprit follet, taquin, mais non méchant, qu'on trouve dans les légendes orientales et dans les légendes écossaises.

Fatal adj. Qui est fixé par le sort, par une destinée irrévocable.

Fatalisme n. f. Doctrine de ceux qui admettent que les événements sont fixés à l'avance par la destinée.

3

Fatalité n. f. Force occulte, qui règle à l'avance, et d'une façon irrévocable, le cours des événements.

Faux prophète n. m. Celui qui fait de fausses prédictions.

Fay fairi. Esprits élémentaires, génies, fées, dans les croyances anglo-saxonnes.

Fée n. f. Être fantastique du sexe féminin, doué d'un pouvoir surnaturel.

Fêng-Shui n. m. Signe qui, pour les Chinois, constitue un heureux présage et est formé par la conjonction des trois emblèmes suivants : le dragon, personnifiant la force ; le serpent, emblème de longévité ; la tortue, qui symbolise la stabilité dans la puissance.

Fetch n. m. Nom donné, en Irlande, à l'esprit d'un homme encore vivant, dont il a les traits, le costume, les manières, et dont l'apparition est, en général, un signe de mort.

Fétiches n. m pl. Divinités des nègres de Guinée, consistant en branches d'arbres, animaux desséchés, etc. Il en est de petits, comme des coquillages, qu'ils portent aux bras, au cou.

Feux de la Saint-Jean n. m. Feux de joie que nos aïeux allumaient à la Saint-Jean et dont un tison retiré préservait du tonnerre ; les filles croyaient qu'en dansant neuf fois, dans la nuit, autour de ce feu de joie, elles devaient sûrement se marier dans le courant de l'année. On disait aussi que la nuit de la Saint-Jean était la plus propice aux charmes et sorcelleries et que l'on devait, cette nuit-là, cueillir toutes les herbes nécessaires dont on usait pour les sortilèges.

Feuilles de la sibylle n. f. Feuilles de chêne sur lesquelles les sibylles écrivaient leurs oracles et qu'ensuite elles jetaient au vent.

Feux follets n. m. Vapeurs enflammées d'hydrogène phosphoré, que la superstition prend pour des génies malfaisants ou pour les âmes de décédés quand ces feux s'aperçoivent dans les cimetières.

Fiente de chat n. f. En la mélangeant, dans du vin, avec de la graisse de poule blanche et en s'en frottant les yeux, on obtient une mixture qui permet de voir ce qui est invisible aux autres.

Fiente de chèvre n. f. Appliquée en cataplasme, elle passait pour faire suppurer les tumeurs.

Fièvre n. f. On croyait autrefois, en Flandre, que ceux qui étaient nés un vendredi, avaient le pouvoir de guérir de la fièvre.

Figuier ruminal n. m. Figuier qui croissait au milieu du forum romain, et au pied duquel on prétend que furent trouvés Rémus et Romulus.

Fils n. m. En Kabbale, le principe divin ou force créatrice universelle en action dans l'humanité.

Fluide magnétique. Fluide impondérable, hypothétique, auquel on rapporte les phénomènes de magnétisme.

Flaga n. f. Mauvaise fée scandinave ; certains prétendent que ce n'était qu'une magicienne ayant un aigle pour monture.

Flâtrer. Dans la Brie, guérir

la rage au moyen d'une clef bénite
à l'oratoire de Saint-Hubert (Ardennes belges). Cette clef merveilleuse ne conserve sa puissance
que si la personne qui en est détentrice est une jeune fille et reste
vierge.

Fluide solaire n. m. Substance supportant la force mystérieuse qui préside à la vie dans
la nature entière, et dans laquelle
baignent la terre et les planètes
du système solaire.

Fluide vital. Le grand principe de la vie.

Follet n. m. Esprit familier
des légendes du moyen âge.

Frisson des cheveux n. m.
Les anciens croyaient que le
frisson des cheveux annonçait la
présence d'un démon.

Fulgurateur n. m. Devin
étrusque qui expliquait pourquoi
la foudre était tombée et ce qu'il
fallait faire pour s'en préserver.

Fumigations n. f. pl. Les
exorcistes emploient diverses fumigations pour chasser les démons que les magiciens appellent
également par des fumigations de
fougère et de verveine.

Fu-sheng. Pierre que les Chinois regardent comme efficace
pour rendre plus hâtif le travail
de la parturition.

G

Gabriel n. m. Esprit que la
Kabbale fait correspondre au
Verseau.

Gamahé ou **Camaïeu** n. m.
Espèce de talisman consistant en
certains caractères ou images
gravés sur des pierres et qui
devaient préserver des morsures,

arrêter la peste, chasser les venins.

Gamaïoun n. m. Oiseau merveilleux des légendes populaires
russes.

Gandreid. Magie en usage
chez les Irlandais, laquelle donnait
la faculté aux sorcières de voyager
dans les airs, montées sur des
tibias ou des côtes de cheval.

Ganga n. m. Magicien, sorcier soudanais.

Gardes des troupeaux n. f.
Oraisons accompagnées de formules incompréhensibles, dont les
vieux bergers se servaient pour
entretenir leurs troupeaux en vigueur et bon rapport.

Gastramancie n. f. (V. Gastromancie).

Gastromancie n. f. Divination d'après les images produites
par la réfraction de la lumière
dans un vase arrondi, rempli
d'eau et placé entre deux lumières.
La gastromancie se pratiquait
également par le devin qui répondait aux questions à la manière
des ventriloques.

Gauric n. m. Lutin que les
Bas-Bretons s'imaginent voir
danser autour des monuments
druidiques.

Géloscopie n. f. Prétendue
connaissance des caractères des
hommes d'après leur rire. — Divination par le rire.

Généthliaques. Astrologues
qui prédisaient l'avenir avec le
concours des astres.

Généthliographe n. m. Auteur d'un traité sur les horoscopes.

Généthliographie n. f. Art
de tirer les horoscopes.

Gongues. Devins japonais qui habitent des huttes, au sommet des montagnes; ils se prétendent doués de double vue, ce qui leur permet de retrouver ce qui est caché ou perdu.

Génie n. m. Esprit bienfaisant ou malfaisant que les anciens croyaient attaché à la destinée de chaque individu et même de chaque être.

Géomancie n. f. Divination d'après l'examen des accidents du sol, ou d'après les lignes ou figures formées sur une table, par une poignée de terre que l'on y jette.

Géoscopie n. f. Divination par la nature et les qualités du sol.

Ghaddar n. m. Démon arabe de la Haute-Égypte qui tourmente les vivants.

Ghoul n. m. Démon arabe qui habite les cimetières.

Giourtasch. Pierre merveilleuse que les Turcs orientaux prétendent avoir reçue de Japhet, fils de Noé, et qui a la propriété de leur procurer de la pluie quand ils en ont besoin.

Glamour. Forme de sorcellerie admise en Écosse et qui attribuait aux matrones les pouvoirs magiques et prophétiques et la production des illusions.

Gnome n. m. Génies qu'on supposait habiter les entrailles de la terre, et garder les trésors qu'elle renferme; les gnomes se présentaient sous la forme de nains.

Gnose n. f. Science privilégiée réservée aux gnostiques, et qui consistait en une intuition immédiate de certaines vérités mystiques.

Gobelin n. m. Génie bienfaisant auquel les marins attribuaient pour demeure la cale des navires.

Goëtie n. f. Magie scélérate.

Gonin n. m. Nom que les Français donnaient jadis aux escamoteurs, charmeurs, etc.

Goule n. f. Femme vouée aux mauvais esprits, qui se nourrit de cadavres.

Grains bénits n. pl. Les personnes superstitieuses croyaient qu'il était possible de délivrer les possédés en leur faisant avaler certains grains bénits.

Grains de blé n. pl. Divination qui se pratiquait au jour de Noël, et qui consistait à mettre douze grains de blé sur une plaque rouge, pour figurer les douze mois de l'année. Chaque grain qui brûlait annonçait la disette dans le mois correspondant, et si tous les grains disparaissaient, c'était le signe certain d'une mauvaise année.

Graisse des sorciers n. f. Graisse humaine dont le diable se sert pour les maléfices; les sorcières se frottaient également de cette graisse pour aller au sabbat.

Grand bouc n. m. (V. Bouc noir).

Grand-œuvre n. m. Procédé par lequel les alchimistes prétendaient transformer les métaux en or.

Grand pentacle de Salomon n. m. Figure qui doit être placée en tête du Livre magique, et qui consiste en trois cercles concentriques, enfermant le double triangle, dont les six angles sont terminés en croix.

Graphologie n. f. Art de connaître le caractère des hommes par l'écriture.

Graphomancie n. f. (V. Graphologie).

Gratoulet n. m. Sorcier qui apprenait le secret de nouer l'aiguillette.

Grêle n. f. Une fille vierge passait pour pouvoir l'arrêter en en mettant trois grains dans son sein.

Griffon n. m. Etre fantastique qui avait la tête d'un aigle, le corps d'un dragon et que les anciens supposaient le gardien de mines d'or et de trésors cachés.

Grimoire n. m. Sorte de formulaire que les sorciers et les magiciens consultaient pour évoquer les morts et l'esprit des ténèbres.

Gris-gris n. m. Talismans que portent constamment suspendus au cou les peuplades de l'Afrique centrale, et qui les protègent contre toutes sortes de maux, même contre la mort violente. Le grigri auquel ils attribuent le plus d'influence, est une pochette de cuir, dans laquelle est enfermée l'extrémité desséchée de leur cordon ombilical.

Guaron n. m. Nom des sorciers au moyen âge.

Gudeman's croft (The). Portion de terre que, en Ecosse, on abandonnait sans labour ni culture et qui était mise en réserve pour le diable.

Gyromancie n. f. Divination d'après les lettres effacées par celui qui tombait exténué après avoir couru autour d'un cercle de sable sur lequel étaient tracés les caractères de l'alphabet.

H

Hallucination n. f. Etat dans lequel on perçoit des sensations qui ne sont produites par aucun agent extérieur réel.

Hamaliel n. m. Esprit correspondant à la Vierge, dans la Kabbale.

Hanael n. m. Esprit de la Kabbale correspondant au Capricorne.

Hanebane n. f. Nom de la jusquiame noire, employée par les sorciers pour leurs maléfices.

Hatif n. m. Démon arabe malfaisant.

Havette n. f. ou **bête havette** n. f. Espèce d'ondine qui, d'après les légendes normandes, attirait les passants au fond des eaux.

Haza n. f. Druidesse ou prophétesse en Ecosse.

Héliotrope n. f. Plante qui, posée dans une église, empêchait les femmes infidèles à leurs maris de sortir tant qu'on ne l'avait pas ôtée.

Héliotrope n. f. On donnait autrefois ce nom à une pierre précieuse, verte et tachetée de rouge, à laquelle les anciens attribuaient la propriété de rendre invisible celui qui la portait.

Hénoch n. m. Prince du ciel, d'après les rabbins.

Hépatoscopie n. f. Divination d'après l'inspection du foie des victimes.

Herbes magiques n. f. Plantes auxquelles les sorciers attribuaient des vertus mystérieuses, et qu'ils ne cueillaient que du 23e au 29e jour de la lune.

Herbes de la Saint-Jean.
(V. Feux de la Saint-Jean).

Hermétique n. f. Partie de
l'alchimie qui avait pour objet la
transmutation des métaux.

Hexe n. f. Nom donné aux
sorcières dans les légendes du
Nord.

Hibou n. m. Oiseau regardé
comme étant de mauvais augure
et qui est considéré comme messager de la mort par les personnes superstitieuses.

Hiéromancie n. f. Divination
d'après les offrandes faites aux
dieux.

Hiéroscopie n. f. Science des
aruspices.

Hipokindo. Mot qui, prononcé
d'une certaine façon, avait le pouvoir de charmer les serpents.

Hippomancie n. f. Divination
d'après le hennissement des chevaux, chez les Celtes.

Hobgoblin. (V. Gobelin).

Holda n. f. C'était, chez les
anciens Gaulois, une sorte de
sabbat où des sorciers faisaient
leurs orgies avec des diables trans-
formés en femmes.

Hominale n. f. (V. Ligne de
vie).

Hommes qui ont un nom
n. m. Nom donné, dans le dépar-
tement de l'Ain, à ceux qui passaient pour sorciers.

Homme rouge n. m. Démon
des tempêtes.

Horaire (Question) n. f.
Toute question ayant l'astrologie
pour objet.

Horey ou **Horel** n. m. Le
mauvais esprit chez les nègres de
la côte occidentale d'Afrique. Si
la provision d'aliments qu'on lui
donne n'est pas suffisante pour son
insatiable appétit, il enlève quelque
jeune homme, qu'il garde dans
son ventre jusqu'à ce qu'il ait
reçu plus de nourriture. Celui-ci,
une fois rendu au jour, demeure
muet autant de temps qu'il en a
passé dans le ventre du malin
esprit.

Horoscope n. m. Pratique
astrologique qui prédisait l'avenir
d'un nouveau-né d'après l'état des
constellations au moment de sa
naissance. — Tableau de l'observation des astres en vue des prédictions de l'avenir.

Horoscopie n. f. Prédiction
de l'avenir au moyen des horoscopes.

Houmaui. Génie qui gouverne
la région des astres chez les Orientaux.

Huard n. m. Esprit qui, en
Bretagne, poursuit les voyageurs
de ses cris pendant la nuit.

Hudikin n. m. Démon très
familier des légendes anglo-
saxonnes, qui ne fait de mal à
personne à moins qu'on ne l'insulte
ou qu'on ne se moque de lui.

Huppe n. f. Oiseau dont le
sang avait la propriété de faire
voir des légions de diables à ceux
dont on en frottait le visage.

Hyacinthe n. f. Pierre merveilleuse que l'on portait au cou
pour se préserver de la peste, de
la foudre, etc.

Hydatoscopie n. f. Divination au moyen de l'eau.

Hydromancie n. f. Divination
d'après les mouvements de l'eau.

Hypniâtre n. m. Somnambule
qui prétend guérir les maladies
pendant le sommeil magnétique.

Hypnotisation n. f. Action ayant pour effet de détruire l'équilibre existant normalement entre l'être impulsif et l'être conscient et, en agissant sur la force nerveuse, de séparer momentanément l'esprit de l'organisme.

Hypnotisme n. m. État de l'individu soumis à l'hypnotisation ; pratique de celle-ci.

Hypnose n. f. Sommeil hypnotique.

Hypophète n. m. Prêtre antique qui recevait les oracles des prophètes de premier ordre et les transmettait au peuple.

I

Iatromancie n. f. Divination par la médecine.

Ichthyomancie n. f. Divination d'après l'inspection des entrailles des poissons.

Ifrite. (V. Afrite).

Ignispicium n. m. Divination par le feu.

Impetritum. Expression mystique indiquant que l'augure était favorable.

Incantation n. f. Guérison obtenue à l'aide de paroles magiques. — Exercice que les magiciens faisaient de leurs enchantements.

Incube n. m. Prétendu esprit mâle des cauchemars, que l'on regardait comme un démon fabuleux, prenant un corps pour jouir des plaisirs de l'amour.

Incubones. Génies gardiens des trésors de la terre.

Inescation n. f. Méthode de médecine occulte qui consistait à faire passer la maladie d'un homme dans un animal dont on tirait les préparations chimiques que l'on faisait prendre au malade.

Influence n. f. En astrologie judiciaire, état particulier déterminé par chacune des nouvelles positions de la terre, par rapport à l'ensemble du ciel.

Influx astral n. m. Influx des astres, que les occultistes assimilent, par rapport à la terre, à ce qu'est le fluide nerveux chez l'homme.

Insémination n. f. Transplantation pour la guérison merveilleuse de certaines maladies, qui se fait avec la graine de quelque plante appropriée à la nature de la maladie et semée dans une terre imprégnée d'esprits vitaux du malade.

Irroration n. f. Méthode de médecine occulte qui consiste à obtenir la guérison en arrosant soigneusement quelque plante ou quelque arbre de tous les liquides qui sortent du corps du malade.

Ithyphalle n. m. Amulette en forme de phallus, que les anciens portaient au cou.

Iwangis n. pl. Sorciers des îles Moluques.

Iynge. n. m. Philtre, breuvage qui passait autrefois pour inspirer l'amour.

J

Jade n. f. Pierre à laquelle les Indiens attribuaient des propriétés merveilleuses ; portée en amulette, elle était un préservatif contre les morsures des bêtes venimeuses.

Jakises n. pl. Malins esprits qui vivent dans l'air, chez les Japonais, lesquels les regardent comme la cause des maladies (à rapprocher de la théorie des microbes pathogènes de l'atmosphère).

Jamanbuxes n. pl. Japonais fanatiques qui parcourent les campagnes et prétendent converser journellement avec le diable.

Jettatore n. m. Individu qui, d'après les superstitions italiennes, porte malheur, par la puissance de son regard; on dit du jettatore qu'il a le *mauvais œil*.

Jettatura n. f. L'action du mauvais œil.

Jekire. Esprit malin que les Japonais regardent comme l'auteur des maladies. (V. Jakises).

Jolibois n. m. (V. Verdelet).

Jorir v. Autrefois, détruire un charme par des conjurations.

Juhles n. m. Esprits aériens auxquels les Lapons rendent un culte religieux.

Jumeaux n. m. Signes du zodiaque qui, selon les astrologues, gouvernent les bras et les mains.

Jument (Lait de) n. m. Il passait pour rendre fécondes les femmes stériles qui en avaient bu sans le savoir, avant qu'un homme les connût.

Jupiter n. m. Nom astrologique de l'index, qui symbolise les honneurs.

Jupitérienne n. f. (V. Ligne du cœur).

Jurupary n. m. Génie du mal des légendes indo-brésiliennes, qui saisit les voyageurs à la gorge pour les étrangler.

Jusquiame n. f. Plante. Elle passait pour faire aimer des femmes ceux qui la portaient.

K

Kabbale n. f. Enseignement religieux oral des rabbins. — Système de théosophie hébraïque exposé dans le *Sepher Yetzirah* (Livre de la Création) du rabbin Akiba et dans le *Sepher Haz-Zohar* (Livre de lumière) de Siméon ben Yohaï ou d'Abraham Aboulafia. En Soph, l' « Illimitable » l'Être suprême est tout et dans tout. Il en émane une *Sephirah* ou intelligence; de celle-ci une autre, et ainsi de suite. Ces *Sephiroth* sont les créateurs et ordonnateurs des choses. La dixième est Shekinah, divinité révélée des Hébreux. Les âmes existent avant le commencement de leur vie terrestre. Elles sont jugées avant leur admission au Paradis. De nombreux corps sont habités par des âmes insuffisamment pures. La dernière des âmes sera celle du Messie, qui doit naître à la fin du monde. La *pleroma* de tous les siècles sera complète après son épreuve terrestre. — Manière de tirer le sens des écritures hébraïques. — Art chimérique de commercer avec les esprits élémentaires.

Kabbale astrologique n. f. Partie des sciences occultes qui attribue à chaque planète des caractères particuliers ou signatures, des nombres, des talismans, des anges et des daïmons ou démons.

Kadézadélite n. m. Membre d'une secte musulmane, qui inhume les morts avec des cérémonies cabalistiques.

Kaho. Sorte de maléfice dont on use aux îles Marquises.

Kaiker n. m. Dans la mythologie irlandaise, chef des guerriers.

Kamahdenou n. f. Vache ailée des légendes de Vichnou.

Kamlat. Opération magique usitée chez les Tartares de Sibérie, qui consiste à évoquer le diable au moyen d'un tambour de basque magique.

Karivat. Demi-lune à tranchant très fin, munie de chaînettes à poignées, avec laquelle les fakirs indous s'abattent eux-mêmes la tête pour pratiquer le suicide religieux.

Karro-Kalf n. m. Le plus haut degré que puisse atteindre la magie en Islande.

Katakhanès n. m. Nom des vampires à Ceylan.

Kaybora n. m. Esprit des forêts chez les Américains.

Kelpy ou **Kelbly** n. m. Esprit des rivières qui fascine les voyageurs et les attire au fond des eaux, dans les légendes écossaises.

Képhalonomancie. Divination des Germains d'après la tête cuite d'un âne.

Kéranoscopie n. f. Divination d'après les signes tracés par la foudre.

Kleudde n. m. Lutin des légendes flamandes.

Kobold n. m. Lutin irlandais qui vit avec les ouvriers, dans les mines.

Koltkis n. m. Esprits nocturnes des légendes slaves.

Korrigan n. m. Nain breton, qui habite les monuments druidiques.

Koughas s. pl. Esprits malfaisants au Kamtschatka.

Koupaï n. m. Mauvais esprit chez les Péruviens.

Kumacanga n. m. Loup-garou brésilien, dont la tête se détache du corps, et qui est toujours la concubine d'un prêtre ou le septième fils de leur amour sacrilège.

Kupay ou **Cupai** n. m. Nom que les habitants du Pérou et de la Floride donnaient au diable.

L

Laboratorium n. m. Laboratoire hermétique, constitué par une table consacrée et *signée* sous les auspices de Mercure; elle est recouverte d'une glace épaisse ou d'une toile imperméable et blanche.

Lachus n. m. Bon génie, dont le nom gravé sur une pierre préservait des enchantements.

Lacs. Les Gaulois croyaient que les lacs servaient de séjour aux divinités et aux esprits.

Laica n. f. Nom des fées bienfaisantes chez les Péruviens.

Laitue n. f. Les anciens croyaient qu'elle éteignait les feux de l'amour.

Lame de plomb. n. f. Appliquée en forme de croix sur l'estomac, passait pour délivrer des rêves érotiques.

Lamie n. f. Spectre fabuleux à tête de femme et à corps de serpent, dont les anciens effrayaient les enfants, qu'on l'accusait de dévorer.

Lampadomancie n. f. Divination d'après les figures formées par la flamme d'une lampe.

Lampe magique n. f. Lampe employée dans les opérations ma-

3.

giques, et construite de manière à synthétiser les influences planétaires.

Langue de huppe n. f. Pendue au cou, elle faisait revenir la mémoire à ceux qui l'avaient perdue.

Lanithro. Démon de l'air chez les habitants des Moluques.

Lauthila. Nom donné aux chefs des génies malfaisants par les habitants des Moluques.

Larves n. f. Esprits que les anciens regardaient comme les âmes des morts, qui venaient tourmenter les méchants et effrayer les gens de bien.

Lase n. m. Esprit bienfaisant au Thibet.

Lat n. m. Pierre merveilleuse qui sert d'idole aux Arabes.

Lécanomancie n. f. Divination au moyen du bruit et des images provenant de la chute des corps dans l'eau. — Divination au moyen des pierres précieuses.

Léchies n. f. Esprits agrestes femelles, de la mythologie slave, qui attiraient les voyageurs dans les bois et les faisaient mourir en les chatouillant.

Lémure. (V. Larves).

Lettres ouvertes n. f. pl. Nom donné, en graphologie, aux lettres qui s'entrebâillent par le haut.

Leucophylle n. m. Plante fabuleuse qui, d'après les anciens, poussait dans le Phase, fleuve de la Colchide. Cueillie avec de certaines précautions, elle préservait des infidélités.

Léviathan n. m. Le diable, l'Enfer.

Libanomancie n. f. Divina-tion d'après les dessins produits par les fumées de l'encens ou par le plus ou moins de rapidité de combustion de celui-ci.

Licorne n. f. Animal fantastique dont la corne servait à l'épreuve des mets et était censée indiquer ceux qui étaient empoisonnés ; elle avait aussi le pouvoir de garantir des sortilèges.

Lièvre (Fiente de) n. f. On s'en enduisait le corps pour faire peur aux loups.

Ligature n. f. Maléfice qui passait pour empêcher la consommation du mariage.

Lignes d'animalité n. f. Lignes du visage humain, qui rappellent la ressemblance de quelque animal. Les plus avantageuses ressemblances sont celles du cheval, du lion, de l'aigle, de l'éléphant. Les plus défavorables sont celles du singe, du chat, du renard.

Lignes de la main n. f. Lignes qui sillonnent la paume de la main et auxquelles les chiromanciens attribuent le caractère mystérieux et une influence sur la destinée. Les lignes de la main sont :

Ligne d'Apollon n. f. Ligne des artistes et des inventeurs, qui va du l'annulaire à la base du pouce.

Ligne de cœur n. f. Ligne de Jupiter, indiquant les passions de source sentimentale.

Ligne de fatalité ou **de Saturne.** Traverse la main du médius au poignet, et indique les événements passés, présents, futurs.

Lignes de génération n. f. (V. Lignes lunaires).

Ligne de l'idéal n. f. (V. Ligne d'Apollon).

Ligne de tête n. f. Ligne qui traverse diagonalement la main, entre la ligne de vie et la ligne de cœur et symbolise l'activité.

Ligne de vie n. f. Ligne courbe qui entoure le pouce et symbolise les maladies, les événe-

ments touchant l'homme par son côté matériel plutôt que moral.

Lignes d'imagination n. f. (V. Lignes lunaires).

Lignes lunaires n. f. Lignes du bord de la main, qui vont du petit doigt au poignet et symbolisent l'imagination et la géné-ration.

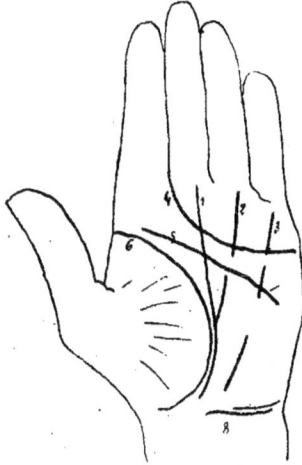

Main gauche ouverte.
1. Ligne de Saturne.
2. Ligne d'Apollon.
3. Ligne de Mercure.
4. Ligne de cœur.
5. Ligne de tête.
6. Ligne de vie.
8. Rasulte.

Lilith n. f. Fantôme des croyances juives, qui a la forme d'une belle femme, apparaissant la nuit et tuant les jeunes enfants.

Linéature n. f. Ligne cabalistique.

Linurgus n f. Pierre fabuleuse que les anciens enveloppaient dans un linge, et qui était d'un bon augure dans les projets de mariage, si elle devenait blanche.

Lion n. m. Signe du zodiaque qui, d'après les astrologues, gouverne le cœur, le foie et l'estomac.

Lithomancie n. f. Divination par les pierres.

Lituus. Baguette d'augure, recourbée dans le bout le plus gros et le plus épais.

Livre magique ou **Livre des Conjurations** n. m. Livre que l'opérateur doit fabriquer lui-même, et qu'on doit consacrer suivant un rituel déterminé.

Livre sibyllin n. m. Recueil d'oracles que les Romains faisaient remonter jusqu'aux rois (Numa, Servius Tullius, etc.), et dont ils tiraient des prophéties favorables à leurs intérêts.

Lotos, Lotus n. m. Arbre d'Egypte, dont le fruit était si agréable qu'après en avoir mangé, les étrangers perdaient l'envie de retourner dans leur patrie. D'où l'expression : *manger du lotos*, pour *oublier son pays*.

Loup (Moëlle de) n. f. Une femme n'avait qu'à prendre la moëlle du pied gauche d'un loup pour être satisfaite de son mari et assurée d'être la seule aimée par lui.

Loup-garou n. m. Sorte de lutin ou de sorcier changé en loup, qui parcourait les campagnes et passait pour s'accoupler avec les louves. C'était généralement un sorcier qui s'affublait d'une peau de loup pour effrayer les naïfs. (Autrefois **Millegroux**).

Lourpidon n. m. Nom donné, autrefois, aux vieilles sorcières.

Loutier n. m. Berger sorcier qui passait pour avoir des intelligences avec le loup qui respectait ses troupeaux. On l'appelait encore *louvetier*.

Louvetier n. m. (V. Loutier).

Lubin n. m. Poisson dont le cœur, prétendait-on, avait la puissance de chasser les démons.

Luciférien n. m. Celui qui rend un culte au diable.

Ludlam n. f. Fée ou sorcière bienfaisante, fameuse dans le comté de Surrey, en Angleterre.

Lugubre n. m. Oiseau du Brésil, dont le cri ne se fait entendre que la nuit. Les Brésiliens sont persuadés que cet oiseau est chargé de leur apporter des nouvelles des morts.

Lune n. f. Nom astrologique du renflement caractéristique de la partie droite de la main, du petit doigt au poignet, caractérisant l'imagination, la génération.

Luthon n. m. (V. Lutin).

Lutin n. m. Esprit follet plus malicieux que méchant.

Lutz n. m. Petit os autour duquel, d'après les croyances rabbiniques, se rassembleront toutes les parties du corps humain, quand Dieu ressuscitera les morts.

Lycanthrope n. m. (V. Loup-garou).

Lycanthropie n. f. Transformation d'un homme en loup.

Lychnomancie n. f. Divination d'après les figures produites par la lumière d'un flambeau.

Lysimachie n. f. Plante qui, posée sur le joug des animaux attelés ensemble avait la vertu de les empêcher de se battre.

M

Mab n. f. Nom de la reine des fées dans Shakspeare.

Macrocosme n. m. En science occulte, l'ensemble de la nature.

Mædchenquelle n. f. Source située à Ems (Allemagne) et dont l'eau jouissait de la propriété magique de faire mettre au monde des filles.

Magares n. m. pl. Sorciers de Mingrélie qui passaient pour nouer l'aiguillette.

Mage n. m. Prêtre des castes sacerdotales de l'Orient ; il avait le soin du culte, la garde du feu et l'interprétation du mouvement des astres.

Magicien n. m. Savant prétendu qui, à force de pratiquer les sciences occultes, était parvenu à exercer sa puissance sur la nature ou sur les esprits qui obéissaient à ses ordres.

Magie n. f. Art de produire ou de sembler produire des effets contraires aux lois de la nature en vertu d'une force privilégiée qu'avaient certains hommes. — Application de la volonté humaine dynamisée à l'évolution rapide des forces vivantes de la nature

Magie-blanche n. f. Œuvre de génies bienfaisants. — De nos jours, nom de la prestidigitation.

Magie islandaise n. f. Magie consistant à faire descendre sur la terre les esprits des airs, pour s'en servir.

Magie noire n. f. Œuvre des génies malfaisants, appelée encore Goetie.

Magie Théurgique n. f. Cérémonie religieuse par laquelle les Chaldéens prétendaient entrer en communication avec les intelligences supérieures.

Magistrale adj. Se dit, en graphologie, de l'écriture grande de formes.

Magnétisme animal n. m. Doctrine qui rapporte les phénomènes d'occultisme à un fluide hypothétique dont seraient doués les hommes et les animaux. — Faculté dont seraient douées certaines organisations de pouvoir s'endormir sous une influence étrangère, et de posséder, dans ce sommeil, une divination particulière.

Main n. f. A Rome, était le symbole de la foi et en Egypte celui de la force.

Main de gloire n. f. Nom que donnaient les sorciers à une main de pendu qui, après diverses préparations, avait le don d'endormir profondément tous les habitants de la maison dans laquelle on la portait.

Main de gloire n. f. Nom que l'on donnait, dans quelques pays, à la mandragore.

Main taupée n. f. Main qui a étouffé une taupe vivante, et dont le simple attouchement passait pour guérir les maux de dents et même la colique.

Maison n. f. Chacune des

douze divisions dans lesquelles les astrologues avaient partagé le ciel.

Maison du chassi n. f. Nom donné à l'Enfer par certains démonographes.

Maison hantée. Celle dans laquelle se produisent certains phénomènes que l'on croit surnaturels et que l'on attribue à des revenants.

Maisons tombantes n. f. pl. En astrologie, les 3e, 6e, 9e, 12e, qui sont les dernières de chaque cadran.

Maître persil (V. Verdelet).

Malaingha. Appellation des anges à Madagascar.

Malchidiel n. m. Esprit de la Kabbale correspondant au Bélier.

Male-bête n. f. Monstre qui, autrefois à Toulouse, passait pour courir les rues la nuit ; les gens superstitieux croyaient que tous ceux qui rencontraient la male-bête mouraient le lendemain.

Maléfice n. m. Action par laquelle on est censé faire du mal aux hommes, aux animaux, aux récoltes, par des moyens cachés et surnaturels.

Maléficié n. m. Celui qui est victime d'un maléfice.

Maléfique adj. Se dit des étoiles et des planètes auxquelles on attribue de malignes influences:

Malengin n. m. Vieux nom des maléfices.

Male-nuit n. f. Maléfice qui empêchait quelqu'un de dormir la nuit.

Mamâkum n. m. Talisman qui sert à préserver les habitants des Moluques de l'esprit malin.

Manche à balai n. m. Monture des sorcières pour se rendre au sabbat.

Mandragore n. f. Plante de la famille des solanées, qu'on regardait comme une herbe magique, ayant la propriété de rendre heureux celui qui la possédait. On croyait qu'elle poussait des gémissements quand on l'arrachait du sol.

Mandragore n. m. Démon familier.

Mandragore (Jus de). Il rendait grosses les chiennes auxquelles on le donnait.

Mang-Taar n. m. Enfer des Yakouts.

Manitou n. m. Appellation du diable par les nègres. — Fétiche des Indiens de l'Amérique septentrionale. Chaque individu choisit un être vivant ou inanimé et prend pour son manitou l'esprit qu'il attribue à cet être.

Manitou (Grand) n. m. Le grand Esprit, l'Etre suprême chez les Indiens et dans certaines peuplades nègres.

Mantras n. f. Formules en langue sanscrite, ou Verbe de l'initiation orientale.

Maoridath. Nom que donnent les Arabes aux deux derniers chapitres du Coran et qui sont censés les préserver des sortilèges et des enchantements.

Margaritomancie n. f Divination au moyen des perles.

Maridh n. m. Démon arabe.

Marque du diable n. f. On disait que toutes les sorcières qui allaient au sabbat étaient marquées par le diable, soit à l'œil, soit ailleurs ; ces marques avaient l'aspect d'une griffe ou d'une paire de cornes en forme de fourche.

Marrube n. m. Plante que l'on portait pour se préserver des Nixes.

Mars n. m. Nom astrologique de la partie centrale de la main, symbolisant l'activité.

Martiale n. f. (V. Ligne de tête).

Martinet n. f. Démon familier qui était censé accompagner les magiciens, lesquels ne devaient rien entreprendre sans sa permission.

Masque n. m. Dans les mystères d'Isis, on se servait d'un masque à tête de chien qui enveloppait entièrement la tête et que les Isiaques portaient même dans la rue.

Mastiphal n. m. Nom donné au prince des démons dans la Petite Genèse.

Matchi-Manitou n. m. Esprit malfaisant de l'Amérique septentrionale auquel les sauvages attribuent tous les maux qui arrivent.

Maty-tapéré n. m. Petit nain boiteux des légendes indiennes du Brésil.

Mauvais œil n. m. Croyance très accréditée chez les Arabes et qui leur fait craindre de perdre ce qu'ils possèdent d'enviable, à tel point qu'ils ne louent jamais une qualité chez quelqu'un sans ajouter : « Que Dieu bénisse et préserve du mauvais œil. » (V. Jettatore).

Mboitata n. m. Serpent de feu qui garde les forêts, d'après les légendes indo-brésiliennes.

Mecasphin n. m. Sorcier de la Chaldée, qui usait d'herbe et d'os de morts pour ses opérations magiques.

Médecine universelle n. f. Nom que les alchimistes donnaient à la pierre philosophale, parce qu'ils lui attribuaient la propriété d'agir sur toute la nature.

Médianimique adj. Se dit de ceux qui possèdent les propriétés du médium.

Médium n. m. Intermédiaire qui sert à évoquer les esprits.

Meerman n. m. Homme de mer ou esprit des eaux, à barbe verte et à cheveux tombant comme des nénuphars. Les habitants de la Baltique prétendent que leurs chants annoncent la tempête.

Mégalanthropogénésie n. f. Moyen d'avoir de beaux enfants bien faits et spirituels par les influences magiques.

Mélusine n. f. Fée des croyances du Poitou, ordinairement représentée avec une queue de serpent. On la regardait comme le génie de la famille de Lusignan, à laquelle elle passait pour apparaître en deuil chaque fois qu'un de ses membres allait mourir.

Mening n. m. Satyre de la mythologie scandinave, qui passait pour forger des armes, mais ne le faisait que lorsqu'on l'y contraignait par la force.

Meneur de loups n. m. Sorcier de campagne auquel les paysans supposaient le pouvoir de se faire suivre par les loups.

Mensale (Ligne) n. f. Ligne de la main, qui commence sous le mont de l'auriculaire et finit sous celui de Saturne et que l'on croit favorable lorsqu'elle est droite, continue et profonde.

Méphistophélès n. m. Démon le plus redoutable après Satan.

Mercure n. m. Nom astrologique du petit doigt, qui symbolise la science.

Mercurienne n. f. Ligne de l'intuition.

Merlin l'Enchanteur n. m. Nom de deux devins légendaires de la Grande-Bretagne, dont l'un, originaire du pays de Galles, fut le conseiller du roi Arthur, — et l'autre, né en Écosse, vécut en sauvage dans les bois où il se réfugia après avoir tué son neveu Fordun. On a publié au XVIᵉ et au XVIIᵉ siècles, des livres de prophéties attribués aux deux Merlin.

Mérocte n. f. Pierre magique qu'on croit être la serpentine noble.

Mesmérisme n. m. Magnétisme animal ; système de Mesmer, qui fit de nombreux adeptes à la fin du XVIIIᵉ siècle.

Mesnie Hellequin ou **Suite d'Hellequin**. Apparition fantastique, célèbre dans les légendes du moyen âge, et où l'on croyait entendre Hellequin, roi des Aulnes, passer durant les nuits orageuses avec son cortège de fantômes.

Messe noire ou **Messe du diable** n. f. Parodie de la messe que l'on célébrait en l'honneur du diable.

Métaux imparfaits n. m. Tous les corps de la nature que les alchimistes cherchaient à transformer en or et en argent.

Métaux parfaits n. m. Nom sous lequel les alchimistes désignaient l'or et l'argent.

Météoromancie n. f. Divination d'après le tonnerre et les éclairs.

Métopomancie n. f. Divination par l'inspection des lignes du front.

Métoposcopie n. f. Art prétendu de prédire l'avenir des personnes et de connaître leur tempérament par l'inspection de leur figure et par les rides du front.

Mezuzoth n. m. Petite pièce de parchemin sur laquelle les Juifs écrivent des versets du Talmud, qu'ils attachent à la porte de leur chambre et à laquelle ils attribuent des vertus merveilleuses.

Microcosme n. m. En science occulte, l'homme considéré comme abrégé de toutes les parties de l'univers.

Miligme n. m. Offrande aux dieux infernaux, dans l'ancienne Grèce.

Miracle n. m. Sortilège ; tout événement qui semble se produire en dehors des lois naturelles et que l'ignorance attribuait à une influence secrète dont jouissaient, croyait-on, les auteurs de miracles. Les miracles sont aujourd'hui en partie expliqués par la science.

Miroir magique n. m. Miroir dans lequel les magiciens prétendaient faire voir ce qui se passait au loin ou ce qui devait arriver.

Miroir magique n. m. Organe de concentration de la lumière astrale, constitué par : un verre de cristal rempli d'eau ; carré de papier à dessin noirci avec du charbon ; ongle noirci avec du charbon ; boule de cristal ; et qui a pour but de condenser en un point une parcelle de lumière astrale et de mettre la vie individualisée en chacun de nous en rapport direct avec la vie universelle.

Moine bourru n. m. Prétendu fantôme dont on effrayait les femmes et les enfants, qu'on croyait être une âme en peine et qui parcourait les rues de Paris en maltraitant les passants.

Molybdomancie n. f. Divination à l'aide des figures formées par la chute du plomb fondu.

Montagnards s. pl. Démons qui vivent sous les montagnes et tourmentent les mineurs.

Morgane n. f. Célèbre fée des légendes bretonnes.

Mormo n. m. (V. Acco).

Mouni n. m. Sorte d'esprit follet chez les Indiens.

Mouzouko n. m. Nom du diable chez les habitants du Monomotopa.

Mueraquitan n. f. Pierre verte, marquée de dessins symboliques, que les anciennes Amazones du Brésil portaient au cou en guise de talisman.

Muhazimim n. m. Appellation des possédés chez les Africains.

Muriel n. m. Esprit de la Kabbale correspondant à l'Écrevisse.

Musucca n. m. Nom que quelques peuples de l'Afrique donnent au démon.

Mycale n. f. Sorcière qui prétendait faire descendre la lune par ses sortilèges.

Myomancie n. f. Divination d'après les dégâts causés par les rats et les souris.

Myre ou **Mire** n. m. Ancien nom des sorciers qui s'occupaient de médecine.

Mystagogue n. m. Celui qui essaie d'expliquer les choses mystérieuses. Celui qui, dans l'antiquité, donnait aux initiés la connaissance des mystères.

Mystères n. m. Cérémonies religieuses secrètes qui ne devaient être connues que des prêtres et des initiés. La plupart des fêtes de l'antiquité comportaient un ou plusieurs mystères.

Mystopole n. m. Celui qui préside aux mystères.

N

Nachtmannetje n. m. Nom donné par les Flamands aux incubes.

Nachtvrouutje n. m. Nom donné par les Flamands aux succubes.

Nagate n. m. Astrologue de Ceylan.

Naglefare n. m. Vaisseau fatal fait des ongles des hommes morts, qui ne doit être achevé qu'à la fin du monde, d'après une superstition des Celtes.

Nairancie n. f. Divination arabe, basée sur les phénomènes du soleil et de la lune.

Nairangie ou **Nairanzie** n. f. Divination astrologique des Arabes reposant sur les observations du soleil et de la lune.

Nakaronkir n. m. Esprit que Mahomet envoie aux coupables pour les exhorter au repentir.

Narac. Enfer des Indiens.

Nâraka n. m. Enfer où Yama châtie les réprouvés.

Narthécophore n. m. Initié

aux mystères de Bacchus, dans l'antiquité.

Nassib n. m. Loi du Destin, écrite dans le Livre céleste, d'après les Turcs.

Nastrand ou **Nastroud** n. m. Enfer des Scandinaves.

Naudjla n. m. Sacrifice humain, célébré aux îles Tonga, pour obtenir qu'un chef malade revienne à la santé.

Nécromance ou **Nécromancie** n. f. Prétendu art d'évoquer les morts.

Nécyomancie n. f. Divination par l'examen des os et des nerfs des morts ou par celui des cordes qui ont servi aux supplices.

Négromancie n. f. (V. Nécromancie).

Nemas n. m. Génie arabe malfaisant.

Nembroth n. m. Esprit que les sorciers consultent.

Néphélomancie n. f. Art de prédire l'avenir par l'inspection des nuages.

Nequam. Prince des magiciens auquel les chroniques de Mayence attribuent la fondation de cette ville.

Nergal n. m. Figure magique des Samaritains, qui représentait le soleil et à laquelle on donnait le corps d'un coq.

Netos n. pl. Mauvais génies aux Moluques.

Neures n. m. pl. Peuples de la Sarmatie européenne, qui prétendaient posséder le pouvoir de se métamorphoser en loups une fois chaque année et de reprendre ensuite leur forme primitive.

Nid, Nidden n. m. Chant de malédiction des magiciens scandinaves.

Nifelheim n. m. L'Enfer primitif des Scandinaves.

Nigromancie n. f. Art de connaître les choses cachées dans la terre : mines, sources, métaux, etc.

Nirudy n. m. Prince des mauvais démons chez les Indiens.

Nitos. Nom des génies malfaisants aux îles Moluques.

Nives n. m. Génies des légendes allemandes, qui habitaient les eaux et entraînaient les jeunes filles dans des grottes de cristal.

Nixe ou **Nixon** n. m. Génie des eaux chez les Germains.

Noble adj. Se disait des métaux inaltérables. (Alchimie).

Nobles de Raimond n. m. Nom donné aux *nobles à la Rose*, frappés sous Edouard III, parce qu'on prétendait que l'alchimiste Raimond Lulle, ayant réussi dans le grand œuvre, avait fourni à ce prince l'or qui lui avait servi à faire cette monnaie.

Nomancie n. f. Art de deviner par la combinaison des lettres d'un nom, ce qui doit arriver à la personne qui le porte.

Nono n. m. Génie malfaisant des Indiens, dans les îles Philippines.

Norne n. f. Les vierges du Temps, dans les légendes allemandes.

Notarique. Une des trois divisions de la Kabbale chez les Juifs.

Nouer l'aiguillette Suspendre, d'après la croyance populaire, la vertu virile d'un mari, en faisant trois nœuds à une bandelette et en récitant des formules magiques.

O

Obéron n. m. Roi des esprits et des fantômes aériens en Angleterre.

Obi n. m. Sorcier magicien dans certaines tribus nègres.

Obsédé n. m. Celui sur lequel le démon était censé agir extérieurement, en l'effrayant par des fantômes terribles ou ridicules.

Occultes (Sciences) s. f. pl. Tout ce qui a trait à la magie, la nécromancie, etc., en un mot, à toutes les sciences secrètes.

Occultisme n. m. Étude des sciences occultes.

Oculomancie n. f. Divination d'après la façon dont on tournait l'œil après diverses cérémonies superstitieuses.

Od n. m. Nom donné par Reichembach à la force inconnue qui fait dégager aux corps magnétiques des effluves visibles seulement pour les sensitifs, dans l'obscurité.

Oddon n. m. Pirate flamand, magicien, qui naviguait en pleine mer sans navire et sans esquif.

Odyle n. m. Prétendue force polaire très abondante dans le corps humain et passant pour produire les effets du magnétisme animal.

Œnomancie ou **Oïnomancie** n. f. Divination au moyen du vin, fort en usage chez les Perses, qui en tiraient de grands présages.

Œufs n. pl. On croyait jadis que les magiciens s'en servaient dans leurs conjurations en traçant à l'intérieur des signes magiques dont la puissance pouvait opérer beaucoup de mal; on brisait les coquilles pour détruire les charmes.

Œuf d'hirondelle n. m. Il passait pour empêcher de dormir le mari dans le lit duquel on le mettait.

Okkisik n. m. Génie, bon ou mauvais, attaché à chaque individu chez les Hurons.

Old Nick n. m. Nom que les marins donnent au diable, en Angleterre.

Ololygmancie n. f. Divination d'après les hurlements des chiens.

Ombiache n. m. Sorcier malgache.

Ombrophore n. m. Devin qui prédisait la pluie.

Omen n. m. Présage, bon ou mauvais, que recevait celui qui prenait les augures.

Omineux adj. Signifiait autrefois funeste, de mauvais augure.

Omomancie n. f. Divination au moyen des épaules, par les rabbins.

Omphalomancie n. f. Prédiction du nombre d'enfants qu'aura une femme d'après le nombre de nœuds du cordon ombilical de son premier né.

Omphalos n. m. Cône de pierre entouré de bandelettes sur lequel s'asseyait la Pythie pour rendre ses oracles.

Ondin n. m. Nom que donnait Paracelse au fluide magnétique et au fluide électrique.

Ondin, Ondine. Génie, fée, qui régnait sur les ondes (légendes germaines) et représentait les âmes des filles qui se noient par désespoir d'amour.

Oneirocriticien n. m. Celui qui interprète les songes.

Oneirocritique n. f. Interprétation des songes.

Onétrodynie n. f. Douleur ressentie en songe ; cauchemar.

Oneiromancie ou **Oniromancie** n. f. Prédiction de l'avenir par les songes.

Oniropole n. m. Celui qui interprète les songes.

Onomamancie n. f. Divination d'après l'étymologie des noms. (V. plus loin Dictionnaire spécial).

Onomatomancie n. f. Prédiction de l'avenir reposant sur la répétition des lettres dans un même nom ou l'anagramme formé par un nom.

Onychomancie n. f. Divination d'après le nombre, la forme et la disposition des taches blanches sur les ongles. On devinait aussi d'après les figures que l'on prétendait voir sur les ongles que l'on avait frottés d'huile et de suie.

Oomancie n. f. Divination d'après les images formées par des blancs d'œuf jetés dans l'eau.

Oonomancie n. f. (V. Ooscopie).

Ooscopie n. f. Divination reposant sur la forme des œufs et sur celle des figures qu'on y voyait par transparence.

Opale n. f. Pierre réputée pour chasser les tristesses, les peines de cœur, etc.

Ophiomancie n. f. Divination d'après l'apparition et les mouvements des serpents.

Ophthalmius n. f. Pierre fabuleuse qui avait la propriété de rendre invisible celui qui la portait.

Oracle n. m. Réponse faite par une divinité à celui qui la consultait.

Oracle n. m. Devin chez les anciens ; l'oracle se disait l'interprète des dieux et le sorcier, lui, ne relevait que du diable.

Or artificiel n. m. (V. Or potable).

Or potable n. m. Composition préparée par les alchimistes, et à laquelle ils donnaient une couleur jaune, pour faire croire qu'elle contenait de l'or.

Oratorium n. m. Partie de la chambre magique constituée par l'autel et les armoires contenant les objets magiques.

Orcavelle n. f. Célèbre magicienne des romans de chevalerie.

Ordalie n. f. On donnait le nom d'ordalie à une série d'épreuves par les éléments.

Orias n. m. Démon principal des devins et des astrologues.

Ormudz n. m. Le Principe pur et bon, l'Esprit, la Parole créatrice, opposé à Arimane, l'Esprit du Mal des croyances persanes.

Ornithomancie n. f. Divination d'après le vol, le cri, le chant, la langue des oiseaux.

Orphéotélestes s. pl. Espèce de sorciers qui faisaient le sabbat institué par Orphée.

Orque n. m. Ancien nom de l'Enfer.

Ortie brûlante n. f. Les Irlandais croient que cette plante a la propriété d'éloigner les sortilèges.

Oscine n. f. Oiseau dont on consultait le chant.

Ostéomancie n. f. Divination d'après l'inspection des os.

Ouahiche n. m. Démon dont se prétendent inspirés les sorciers iroquois pour révéler l'avenir.

Ouikka n. m. Génie du mal, chez les Esquimaux.

Oukouma n. m. Grand Esprit, génie du bien chez les Esquimaux.

Oupire n. m. (V. Vampire).

Ouran (Homme endiablé) n. m. Magicien redouté de l'île Gromboccanore, dans les Indes orientales.

Ourdoung n. m. Principe du mal chez les anciens Hongrois, qui affectait la forme d'un chien ou d'un porc.

Ourisk n. m. Lutin des légendes écossaises, tenant de l'homme et du bouc, et qui est un esprit mélancolique vivant dans la solitude.

Ouronoscope n. m. Charlatan qui s'occupait d'ouronoscopie.

Ouronoscopie n. f. Inspection des urines, d'après laquelle certains charlatans prétendaient reconnaître toutes les maladies.

Oxycrater v. Dans l'alchimie, dissoudre au moyen du vinaigre.

P

Pacte diabolique n. m. Convention que les sorciers passaient avec le diable.

Padmasana n. f. Posture prise par les yogais ou extatiques indous, dans le but de respirer aussi peu que possible.

Pagé n. m. Sorcier chez les Indiens du Brésil.

Palingénésie n. f. Autrefois, art prétendu de faire apparaître les objets, les ombres, grâce à des artifices d'optique.

Palmoscopie n. f. Augure d'après les palpitations du corps d'une victime, calculées à la main.

Palomancie n. f. (V. Rhabdomancie).

Panacée universelle n. f. Remède que les alchimistes croyaient propre à guérir tous les maux.

Pandémonium n. m. Assemblée de démons. — L'ensemble des démons de l'Enfer.

Panéros n. f. Pierre fabuleuse qui avait la vertu de rendre fécondes les femmes stériles.

Panjangam n. m. Almanach des Brahmines, où sont marqués les heures et les jours heureux et malheureux.

Pantacles n. pl. Talismans magiques.

Pantarbe n. f. Pierre fabuleuse qui avait la propriété d'attirer l'or.

Paouauci. Enchantements par lesquels les habitants de la Virginie prétendent faire pleuvoir.

Papillon. Chez les anciens, quand il était posé sur une tête de mort, il exprimait l'immortalité de l'âme.

Parchemin vierge n. m. Ce parchemin est fait de peaux de bêtes n'ayant jamais engendré; aucune femme ne doit le voir parce qu'il perdrait de sa vertu. C'est là-dessus qu'on écrit les talismans, pactes et toutes conventions magiques.

Paris. D'après une prédiction, Paris devait être détruit par une pluie de feu, le 6 janvier 1840, ou, à défaut, au mois de mai 1900.

Parthénomancie a. f. Divination stupide, prétendant connaître la présence ou l'absence de la virginité chez une jeune fille, d'après la grosseur du cou que l'on mesurait au moyen d'un fil.

Passes n. f. Nom donné aux mouvements que font les hypnotiseurs avec leurs bras ou leurs mains, sur la tête ou devant les yeux de celui qu'ils veulent hypnotiser.

Patala n. m. Enfer des Indiens.

Pâtenôtres du loup n. pl. Paroles magiques auxquelles on attribuait le pouvoir de mettre les loups en fuite.

Pathognomonique n. f. Etude du caractère par les traits du visage, qui traite spécialement des signes des passions. (V. Dictionnaire spécial).

Patyahara n. m. Phase de l'automagnétisation des fakirs indous, durant laquelle les fonctions des sens sont suspendues.

Pavot n. m. Symbole du sommeil et de la fécondité.

Péanite n. f. Pierre fabuleuse à laquelle les anciens attribuaient le privilège de faciliter les accouchements.

Pégomancie n. f. Divination par le mouvement des eaux et des fontaines.

Pératoscopie n. f. Art de prédire l'avenir par l'inspection des phénomènes aériens.

Péris n. f. Génies femelles bienfaisants des Perses.

Péri-esprit n. m. Fluide subtil qui, d'après les croyances spirites, constitue l'enveloppe des esprits qui se dégagera de leur corps, et peut constituer des apparitions, en devenant visible sous l'action de l'esprit.

Perlimpinpin (Poudre de) n. f. Poudre à l'aide de laquelle les charlatans opéraient toutes sortes de prodiges, et qui se faisait avec les cendres d'un chat écorché, d'un crapaud, d'un lézard et d'un aspic carbonisés ensemble.

Père n. m. En Kabbale, principe divin ou force créatrice universelle, qui agit sur la marche générale de l'univers.

Pentagramme magique n. m. Figure formée de lignes fluides de diverses couleurs, suivant laquelle l'homme apparaît comme un être plus ou moins lumineux, à l'état astral. — Figure de l'homme, enfermée dans un cercle et dessinée sur veau mort-né, parchemin vierge, et formant cinq branches, dont quatre sont les membres et la cinquième la tête.

Pervenche n. f. Plante qui, réduite en poudre avec des vers de terre, donnait l'amour à ceux qui en mangeaient dans leur viande.

Petchimancie n. f. Art de prédire les variations du temps au moyen des brosses ou des vergettes.

Petpayaton n. m. Mauvais esprit aérien des Siamois.

Pettimancie n. f. Divination d'après le jet des dés.

Phé adj. Ensorcelé, magique.

Philosophâtre n. m. Nom que les maîtres du grand art donnaient aux faux adeptes.

Philtre n. m. Breuvage, drogue qu'on supposait propre à

provoquer quelque passion, à inspirer l'amour.

Phrénologie n. f. Système de Gall, par lequel il prétendait juger de l'intelligence et du caractère des hommes par l'inspection extérieure du crâne. (Voir plus loin le Dictionnaire spécial).

Phuka n. m. Superstition celte, qui place ses héros ou esprits dans les chênes.

Phylactère n. m. Amulette formée de bandelettes de parchemin que les Juifs portaient sur eux pour conjurer les mauvais esprits.

Phyllomancie n. f. Divination d'après le bruit produit par une feuille concave posée sur le front et frappée avec la main.

Phyllorhodomancie (V. Phyllomancie).

Physiognomonie n. f. Système de Lavater, par lequel il prétendait juger du caractère des hommes par l'inspection des traits du visage. La physiognomonie traite spécialement des signes des facultés.

Phyteume n. m. Plante ressemblant au chardon et que les anciens employaient dans la confection des philtres.

Pichacha. Nom général des esprits follets chez les Indiens.

Pied. Les Romains s'attachaient à entrer du pied droit dans les temples, l'entrée du pied gauche étant regardée comme de mauvais augure.

Pierre d'aigle n. f. Pierre que l'on trouvait dans les nids d'aigle et que l'on disait propre à faire découvrir les voleurs.

Pierre philosophale n. f. Poudre merveilleuse dont la recherche occupait les alchimistes du moyen âge et qu'ils croyaient capable de changer les métaux imparfaits en or et en argent.

Pierre ponce n. f. Elle passait pour faire tomber en syncope l'âne dans l'oreille duquel on la mettait.

Pij. Lieux où séjournent les âmes des coupables, d'après une croyance des Siamois.

Pillal-Karras n. m. Sorciers malabars aux conjurations desquels ont recours les pêcheurs pour se mettre à l'abri du requin lorsqu'ils plongent dans la mer.

Piqueur n. m. Tortionnaire employé par les magistrats anglais à la découverte des sorcières, et qui enfonçait des épingles dans le corps des possédés, pour découvrir les stigmates ou marques que le diable imprimait à ses vassaux et qui étaient, croyait-on, insensibles à la douleur.

Piripis s. pl. Talismans composés de diverses plantes, en usage chez quelques Indiens du Pérou.

Pistole volante n. f. Pistole enchantée qui revenait toujours dans la poche des magiciens.

Pivert. Mangé rôti, à jeun, passait pour dénouer l'aiguillette.

Pnéomancie n. f. Divination par les objets apparaissant à l'horizon.

Poissons n. m. Signe du zodiaque qui, d'après les astrologues, gouverne les pieds.

Polyglossos n. m. Chêne prophétique de la forêt de Dodone qui rendait des oracles dans la même langue que celui qui venait le consulter.

Posoère n. f. Sorcière.

Possédé n. m. Celui que le démon tourmentait en agissant en dedans de lui.

Possession démoniaque n. f. Etat de ceux que le démon tourmentait en leur aliénant l'esprit pour torturer leur personne.

Pou d'argent n. m. Décoration que le diable donnait aux magiciens et aux sorciers.

Poudre de transmutation n. f. Substance hypothétique, qui, d'après la croyance des anciens alchimistes, ajoutée à un métal vil, devait le transformer en métal noble.

Poudre de verveine n. f. Jetée entre deux amants, les fait se disputer.

Poule noire n. f. Forme que prenait le diable parfois pour aller au sabbat.

Pourpier n. m. Plante. Mis sur le lit, passait pour empêcher les visions.

Pousti n. m. Plante produisant la débilitation et l'amaigrissement, et dont les fakirs de l'Inde font usage pour pratiquer le suicide religieux.

Praepètes. Les augures appelaient de ce nom les augures favorables. — Oiseaux dont les Romains ne consultaient que le vol.

Pranayama n. m. Phase de transe volontaire des fakirs indous caractérisée par une transpiration abondante, des tremblements de tout le corps et un sentiment de légèreté dans l'économie animale.

Prédiction n. f. Action d'annoncer les événements futurs.

Présages n. m. Signes 'des événements futurs dans les anciennes superstitions païennes.

Prestige n. m. Illusion attribuée aux sortilèges ou produite par des moyens naturels.

Prêtres noirs n. m. Prêtres du sabbat.

Prophète n. m. Homme qui prétend prédire l'avenir par inspiration divine ; celui qui était chargé de rédiger par écrit les oracles des dieux.

Prophétie n. f. Annonce des événements futurs.

Prophète cévenol n. m. Fanatique protestant qui, dans les guerres des Cévennes, avait la prétention de prophétiser.

Prophétesse n. f. Femme qui prophétisait.

Pséphos. Divination par les cailloux.

Psychagogie n. f. Cérémonie ayant pour but d'apaiser les ombres en les appelant trois fois par leur nom.

Psychicone n. m. Nom donné par le Dr Baraduc aux images photographiques de la pensée.

Psychique adj. Relatif aux facultés de l'esprit. — **Force psychique.** Action exercée par un être conscient sur un impulsif.

Psychomancie n. f. Evocation des âmes, des esprits des morts.

Psychométrie n. f. Manifestation de la vision ou de l'impression des êtres absents, quand on s'applique sur le front les objets leur ayant appartenu.

Psychurgie n. f. Action des forces psychiques.

Psylle n. m. Charmeurs de serpents, qui guérissent au moyen de leur propre salive ou par attouchement, la morsure de ces reptiles. Dans l'antiquité, ils formaient une association mystérieuse qui existe encore dans l'Inde et dans certaines parties de l Egypte.

Puckle n. m. Fou ou bouffon de la cour des fées anglaises.

Purrikeh. Epreuve de l'eau et du feu par les Indiens pour découvrir les choses cachées.

Pyromancie n. f. Divination fondée sur la manière dont brûlaient les corps jetés au feu.

Pythie n. 1 Prétresse d'Apollon, qui rendait des oracles dans le temple de Delphes. Il y eut jusqu'à trois pythies à la fois.

Python n. m. Devin, sorcier.

Pythonisse n. f. Femme qui prédisait l'avenir dans l antiquité.

Q

Qualité Magnale n. f. Qualité tenant au prétendu esprit de l'eau, lequel portait le nom de *Magnale*, dans l'ancienne physique.

Quintefeuille n. f. Plante qui, portée sur soi, passait pour faire obtenir tout ce qu'on souhaitait.

Quintessence n. f. Toute substance qui, pour les anciens alchimistes, jouait un rôle important dans la transmutation des métaux.

Quirim n. f. Pierre merveilleuse qui, placée sous la tête d'un homme pendant qu'il dort, lui fait divulguer tout ce qu'il a dans l'esprit.

R

Rabbats n. pl. Lutins.

Rabdomancie (V. Rhabdomancie).

Ragalomancie n. f. Divination qui se faisait au moyen des osselets, de petites balles.

Ramassière n. f. Sorcière qu'on accusait d'aller au sabbat sur un balai. *ramasse* ou *ramon.*

Ranaïl n. m. Génie de premier rang, dans les croyances des Malgaches.

Rapsodomancie. (V. Rhapsodomancie).

Rascette ou **Rasette** n. f. Partie de la main située à la jonction intérieure de cet organe avec le bras. Plus la rascette comprend de lignes et plus la vie doit être longue, d'après les chiromanciens.

Rasulte n. f. Série de lignes horizontales situées au bas du poignet. (V. Rascette).

Ravissement n. m. Etat dans lequel le corps est en catalepsie, et le corps astral illuminé par son élévation subite dans le plan spirituel ; c'est une conséquence de la méditation des choses spirituelles combinée avec un rhythme respiratoire spécial, dans lequel l'expiration est progressivement retardée.

Rebis n. m. Se disait, en alchimie, de tout composé qui avait une double propriété.

Rebouteur, Rebouteux. Individu qui guérit à l'aide de moyens empiriques les foulures, entorses, luxations, etc. Certains rebouteurs emploient en outre des signes, conjurations, paroles mystérieuses, etc.

Réchaud magique n. m. Fourneau de terre neuf, consacré sous les auspices de Mars, et qui sert aux opérations magiques.

Réconciliation (Pierre de la) n. f. (V. Diamant).

Redivive n. m. Nom donné autrefois aux vampires.

Région n. f. Les augures divisaient le ciel en quatre régions pour tirer des présages.

Réincrader v. En alchimie, ramener les corps à l'état de crudité, les amollir, les humecter de nouveau.

Revenant n. m. Esprit, âme d'un mort qu'on suppose revenir de l'autre monde et qui hante les vieux châteaux, les ruines.

Rhabdomancie n. f. Divination à l'aide d'une baguette de coudrier, qui permettait de découvrir les trésors et les sources.

Rhapsodomancie. Divination qui se faisait en ouvrant au hasard un livre et en interprétant le vers que l'on marquait au moyen d'une épingle.

Rhombe n. m. Groupes de sorciers dansant au sabbat.

Rhombus n. m. Instrument magique des Grecs, dont on se servait dans les sortilèges.

Robin - good - fellow. Bon garçon, bon enfant. (V. Puckle).

Rond des fées n. m. (V. Cercle des fées).

Rose-croix n. m. Secte qui commença en Allemagne au XVIIe siècle et qui prétendait posséder et conserver les secrets de la pierre philosophale et de la cabale.

Rubification n. f. Dans l'ancienne alchimie, action par laquelle une substance devenait rouge.

Rubis n. m. Pierre précieuse qui annonçait les malheurs devant arriver, si elle changeait de couleur, et qui reprenait sa teinte dès qu'ils étaient passés.

Runes n. f. Lettres, caractères magiques que les peuples du Nord employaient dans les enchantements, il y avait les :

Runes amères. Nuisibles;

Runes secourables. Détournaient les accidents;

Runes victorieuses. Procuraient la victoire à ceux qui en faisaient usage;

Runes médicinales. Guérissaient des maladies.

S

Saalah n. m. Démon des légendes arabes, qui est censé attirer les hommes dans les forêts pour les tourmenter.

Sabbat n. m. Assemblée nocturne où l'on supposait que les sorciers se rendaient la nuit, sous la présidence du diable.

Sabéisme n. m. Culte des éléments et des astres qui est peut-être l'origine de l'astrologie judiciaire.

Subia n. m. Astrologue turc.

Sacrilaires n. m. Charlatans de l'antiquité, qui passaient pour s'emparer de l'argent d'autrui au moyen d'opérations magiques.

Sacy-perère n. m. Génie joyeux qui court les forêts du Brésil, d'après les légendes indiennes.

Saga, Sagane n. f. Nom des sorcières au moyen âge.

Sage-femme n. f. (V. Saga).

Sagittaire n. m. Signe du zodiaque qui, selon les astrologues, gouverne les cuisses et les jointures. Maléfices dont les sorciers armaient les archers. Le jour du

Vendredi-Saint, l'archer devait rendre hommage à Satan et lancer des flèches contre le Christ sur la croix. En même temps, il prononçait le nom de son ennemi, qu'une flèche invisible atteignait sur l'heure, quelle que fût la distance.

Saint-Esprit n. m. En Kabbale, le principe divin ou force créatrice universelle en action dans la nature.

Salamandre n. f. Reptile qui passait pour être si froid que, loin d'être consumé par le feu, il l'éteignait subitement, et si venimeux, que sa morsure, sa bave et ses excréments étaient mortels. La salamandre, absolument inoffensive, secrète de l'eau quand on la jette dans le feu, ce qui la protège pendant quelques minutes contre les flammes.

Salamandres n. f. D'après les kabbalistes, esprits élémentaires, composés des parties les plus subtiles du feu qu'ils habitent.

Salière n. f. La chute d'une salière était autrefois considérée comme un mauvais présage.

Salisateurs n. m. Devins du moyen âge, qui prédisaient l'avenir d'après les mouvements du premier membre de leur corps qui venait à se remuer.

Salle des crises n. f. Cabinet dans lequel Mesmer emportait ses adeptes au moment de leurs crises, et qui était capitonné pour qu'ils pussent se livrer à leurs contorsions sans se blesser.

Samaël blanc n. m. Esprit des châtiments chez les Perses.

Samaël noir n. m. Esprit des malheurs soudains et inexplicables chez les Perses.

Salutadores n. m. Sorciers guérisseurs, en Espagne.

Sanaves n. f. Amulettes que les femmes malgaches portent au cou et sur la poitrine.

Sang n. m. La perte de trois gouttes de sang dans une hémorragie nasale indiquait, croyait-on jadis, la mort de quelqu'un dans la famille.

Sang n. m. Une goutte de sang menstruel, mêlée aux aliments de l'homme, passait pour assurer à la femme l'amour inaltérable de ce dernier.

Sang de taureau n. m. Il passait pour effacer les crimes du coupable qu'on en aspergeait.

Saphis n. m. Versets du Coran, écrits sur des fragments de papier, que les Maures vendent aux nègres comme ayant la propriété de rendre invulnérables ceux qui les portent.

Satan n. m. L'esprit malin le plus élevé en dignité, chef des démons et souverain de l'Enfer.

Saturne n. m. Nom astrologique du médius, qui symbolise le destin, la fatalité.

Saturnienne n. f. Ligne de fatalité. (Chirom.).

Saturniennes adj. Se disaient des influences de la planète Saturne que les astrologues croyaient sèches, froides, malfaisantes, à cause de son éloignement du soleil.

Satyrion n. m. Plante merveilleuse à laquelle les anciens attribuaient la propriété d'inspirer l'amour à ceux qui en mangeaient.

Sauveurs d'Italie n. m. Charlatans italiens au corps orné d'une figure de serpent, qui passait pour les rendre réfractaires aux morsures des bêtes venimeuses.

Saute-buisson n. m. (V. Verdolet).

Schabta n. m. Fantôme des légendes juives, qui passe pour faire mourir les enfants qui n'ont pas les mains bien lavées.

Schaman ou **Chaman** n. m. Sorcier des Lapons et des peuples sibériens.

Sceau hermétique n. m. Manière dont les alchimistes bouchaient leurs vaisseaux, pour empêcher les esprits subtils de s'en exhaler.

Schi'irm. Revenants en forme de boucs, des légendes juives.

Sciamancie n. f. Divination par l'évocation des ombres des morts.

Science hermétique n. f. L'alchimie.

Science occulte n. f. Science qui s'occupe de l'action du monde invisible sur la matière.

Sciences occultes n. f. Prétendues sciences du moyen âge, qui avaient pour objet l'alchimie, la magie, l'évocation des morts.

Scopélisme n. m. Maléfice qui s'attachait à des pierres jetées dans un champ, dans un jardin, et qui passaient pour attirer le malheur sur les personnes qui les ramassaient ou les heurtaient.

Scorpion n. m. Signe du zodiaque qui, selon les astronomes, gouverne les parties génitales.

Scytotribomancie n. f. Divination d'après la manière dont un individu use ses chaussures.

Seconde vue n. f. Don de prévoir l'avenir, et de connaître, par une intuition merveilleuse, ce qui se passe au loin.

Seing n. m. Nom donné aux grains de beauté, auxquels on attribue une signification selon la place qu'ils occupent.

Sel n. m. Il passait pour un antidote souverain contre la puissance de l'Enfer.

Sènes n. f. pl. Druidesses de l'île de Sein, qui passaient pour calmer les tempêtes, guérir les maladies et prédire l'avenir.

Séphiroth n. m. Se disait, dans la Kabbale, des émanations décroissantes qui sortent d'Adam Kadmon.

Shamavédam n. m. Livre sacré des Indous, qui contient la science des augures et de la divination.

Siamancie n. f. (V. Sciamancie).

Sibylle n. f. Femme à laquelle les anciens attribuaient le don de prédire l'avenir.

Sibyllin adj. Se dit de ce qui vient d'une sibylle. *Livres sibyllins*, ceux que la sibylle de Cumes vendit à Tarquin l'Ancien.

Sibyllisme n. m. Croyance aux oracles des sibylles.

Sidération n. f. Influence malfaisante attribuée autrefois à un astre sur la vie ou la santé d'une personne.

Sidéromancie n. f. Divination d'après la combustion des corps jetés sur un fer rouge.

Sidhasana n. f. Posture que prennent les yogais ou extatiques indous, en vue de respirer aussi peu fréquemment que possible.

Signatures angéliques n. f. (V. Signatures astrales).

Signatures astrales (Etude des) n. f. Sciences de divination relatives à l'influence des astres sur les organismes.

Signé adj. Les magiciens considéraient chaque organisme comme signé par un ou deux astres.

Significateur n. m. Terme d'astrologie s'appliquant aux planètes, aspects et signes qui indiquent quelque chose de remarquable dans un thème de nativité.

Sikidy n. m. Charlatan, tireur d'horoscopes à Madagascar.

Sistre. Plante qui, dans l'antiquité, passait pour mettre à l'abri des spectres et des fantômes.

Skou. Esprits des bois et des montagnes dans les îles Féroé.

Solève n. m. Esprit des montagnes qui, dans les Alpes, passait pour cultiver les jardins.

Somahdi n. m. Dernière phase de l'autotranse des fakirs indous, dans laquelle ils acquièrent le pouvoir de se passer d'air et de se priver de nourriture et de boisson.

Songe prophétique n. m. Songe produit par une illumination subite de l'âme par le plan astral. Il ne faut pas le confondre avec le rêve, qui est produit par des afflux subits de force nerveuse dans les centres intellectuels.

Soune n. m. Autrefois songe, rêve.

Sorceau n. m. Autrefois sorcier, devin.

Sorceron n. m. Autrefois breuvage magique.

Sorcherie n. f. Autrefois sortilège.

Sorcellerie n. f. Ensemble des opérations auxquelles se livrent les prétendus sorciers.

Sorciers n. m. Gens qui, avec l'aide des puissances infernales, passaient pour pouvoir opérer des choses surnaturelles, en vertu d'un pacte fait avec le diable.

Sorodémon n. m. (V. Lémure).

Sort n. m. Opération occulte par laquelle on prétend influer sur la destinée de quelqu'un.

Sort de taciturnité n. m. Sort qui empêchait les sorciers qui en étaient frappés de répondre aux demandes qui leur étaient faites dans leurs procès.

Sortilège ou **Sort** n. m. Paroles, caractères, drogues, etc., avec lesquels les esprits crédules s'imaginaient que les sorciers pouvaient produire des effets surnaturels, en vertu d'un pacte fait avec le diable.

Sortilègue n. m. Celui qui tirait des sorts dans l'antiquité.

Sotray n. m. Lutin qui, d'après les légendes de la Sologne, passe pour tresser les crinières des chevaux.

Sotret n. m. Lutin qui, en Lorraine, passe pour aimer à friser la chevelure des femmes.

Souffler v. Chercher la pierre philosophale.

Soufflerie n. f. Recherche de la pierre philosophale.

Souffleur n. m. Alchimiste.

Soufre n. m. Se disait, en alchimie, d'un principe imaginaire qu'on prétendait exister dans tous les métaux.

4.

Sorcerie n. f. Autrefois sorcellerie; sortilège.

Souris. Le cri de la souris était d'un mauvais augure et rompait les auspices.

Spagyrie n. f. Partie de l'alchimie qui enseignait à combiner et à décomposer les corps.

Spectre n. m. Fantôme effrayant, que l'on faisait apparaître par des opérations magiques.

Spectres n. m. Visions qui apparaissent aux hommes et leur causent des frayeurs, et dont l'explication rentre dans le cas des hallucinations.

Spéculaires n. m. Devins de l'antiquité, qui faisaient voir dans un miroir les personnes ou les choses pour lesquelles on les consultait.

Sperme de Vénus n. m. En alchimie, vert-de-gris.

Sperme femelle n. m. En alchimie, le mercure.

Sperme mâle n. m. En alchimie, le soufre.

Sphinx n. m. Monstre qui soumettait aux passants l'énigme suivante : Quel est l'animal qui a quatre pieds le matin, deux à midi et trois le soir? Ceux qui ne la devinaient pas étaient aussitôt dévorés. Œdipe répondit que c'était l'homme qui, dans son enfance, se traîne sur les mains ; marche sur ses deux pieds au midi de la vie et, au déclin, se sert d'un bâton.

Sphygmomancie n. f. Art de tirer, des mouvements du pouls, des pronostics sur l'état des organes intérieurs.

Spir n. m. Ancien nom donné aux esprits.

Spirite n. m. Celui qui s'occupe de spiritisme.

Spiritisme n. m. Croyance à l'intervention surnaturelle des esprits, qui se rendent aux évocations et répondent aux questions qui leur sont posées.

Spodanomancie n. f. (V. Spodomancie).

Spodizateur n. m. Souffleur, alchimiste.

Spodomancie n. f. Divination par les cendres des sacrifices.

Stéganographie n. f. Écriture cryptographique au moyen de chiffres ou abréviations, dont se servaient les sorciers.

Sternomancie n. f. Divination d'après les paroles d'un démon, qui occupait le corps d'un possédé.

Stichomancie n. f. Divination par la poésie.

Stigmates n. m. Marques, taches qui apparaissent dans certaines circonstances sur le corps de quelques individus, et qui sont dues soit à une sensibilité particulière de la couche profonde de l'épiderme, soit à un état spécial des vaisseaux sanguins (vasodilatation et hémophilie). Les stigmates peuvent être provoqués 1° en traçant sur la peau, à l'aide d'une pointe mousse, un signe cabalistique ou religieux ; 2° par un choc, par exemple à la paume des mains d'un individu atteint d'hémophilie ; 3° par suggestion ou auto-suggestion d'un sujet réunissant ces conditions.

Stoïchéomancie n. f. Divination qui se pratiquait en prenant oracle du premier vers qui se présentait quand on ouvrait un livre d'Horace ou de Virgile.

Stolisomancie n. f. Divination d'après la manière de s'habiller.

Strasite n. f. Pierre fabuleuse qui passait pour avoir la vertu de faciliter la digestion.

Stryge n. f. ou n. m. Vampire, sorcière ou spectre qui passait pour manger les vivants.

Succube n. f. Prétendu esprit femelle des cauchemars.

Suffumigation n. f. Fumigation en usage dans certaines cérémonies mystérieuses.

Suggestion n. f. Action exercée par un être conscient sur un être impulsif, soit à l'état de veille, soit à l'état de sommeil, soit à terme.

Suggestion n. f. Action du doigt sur le dessin des lignes correspondantes de la main.

Sulfes n. m. Sylphes des anciens Gaulois.

Sulphur n. m. Le soufre dans l'alchimie.

Supernaturel adj. Autrefois surnaturel.

Superstition n. f. Présage qui n'a aucun rapport avec les événements dont on suppose qu'il est l'annonce.

Superstitiosité n. f. Tendance à la contemplation, au spiritisme.

Surgeseur n. m. Autrefois, incube.

Sureau n. m. Le fait de frapper avec une branche de sureau l'habit pendu à une cheville de bois faisait retomber les coups sur l'échine du sorcier coupable de vous avoir jeté un sort.

Swedenborgianisme n. m. ou **Swedenborgisme**. Doctrine mystique et théosophique de la Jérusalem nouvelle, école qui s'appuie sur une prétendue révélation reçue en 1757, par le Suédois Swedenborg.

Sycomancie n. f. Divination d'après le bruit des figuiers secoués par le vent ou d'après des réponses à des questions tracées sur des feuilles de figuier.

Sylphe n. m. Être surnaturel mâle qui, dans les croyances celtiques et germaines, occupait un rang intermédiaire entre le lutin et la fée.

Sylphide n. f. Sylphe femelle.

Sylphirie n. f. Pays des sylphes (l'Irlande, l'Angleterre centrale, l'île de Man).

Symbole n. m. Objet physique ayant une signification conventionnelle.

Symmyste n. m. Celui qui est initié aux mystères.

Sympathéisme n. m. Propriété de correspondance que les anciens imaginaient exister entre les qualités de certains corps.

Sympathique (Poudre) n. f. Poudre stiptique, au moyen de laquelle on prétendait autrefois guérir toutes les plaies et faire reconnaître un meurtrier.

Synochite n. f. Pierre précieuse dont les nécromanciens se servaient pour retenir les ombres évoquées.

T

Table tournante n. f. Table qui exécute certains mouvements, parfois très étendus, en vertu d'une force indéterminée, que le savant Babinet rapporte à des actions musculaires et nerveuses

TAB — 68 — TÉL

élémentaires. Les personnes qui ont la résolution de faire tourner une table l'environnent en appuyant dessus le pouce et l'index de chaque main, et en plaçant les mains de façon que, réunies, celles-ci forment autour de la table une chaîne continue.

Tabou n. m. Tout objet auquel les peuplades sauvages de la Nouvelle-Guinée attribuent une influence mystérieuse et que nul ne doit toucher ni même regarder.

Tabouer v. Assujettir à l'interdiction appelée tabou.

Tacouins n. m. Fées des mahométans correspondant aux anciennes Parques.

Tahoua n. m. Sorcier à Nouka-Hiva.

Tahonna n. m. Prêtre et médecin à Nouka-Hiva.

Talugairi n. m. Esprits aériens des Kalmouks.

Talamasque n. f. Figure de démon qu'on exhibait dans certaines fêtes publiques et même religieuses.

Talamasques (Lettres) n. f. pl. Lettres occultes employées autrefois pour les sortilèges.

Talapoin n. m. Prêtre et magicien dans le Laos.

Talisman n. m. Objet dont l'influence secrète combat les influences contraires et protège, et qui se porte extérieurement.

Talys n. m. Talisman indou consistant en une pièce d'or ou une dent de tigre.

Tambour magique n. m. Tambour creusé dans un tronc de pin ou de bouleau, et dont la peau est recouverte de figures symboliques.

Tamous n. m. Enfer des Kalmouks.

Taribot n. m. Prétendu nain, sorcier des montagnes de Madagascar.

Tarni. Formule d'exorcisme chez les Kalmouks, qui, écrite sur un parchemin, passait pour rendre la santé au malade au cou duquel elle était suspendue.

Tarots n. m. Cartes égyptiennes, italiennes et allemandes avec lesquelles on dit la bonne aventure. Médailles marquées de signes cabalistiques dont se servaient les magiciens.

Taureau n. m. Signe du zodiaque qui, d'après les astrologues, gouverne le cou et les épaules.

Taurobole n. m. Sacrifice du taureau dans les mystères des druides. L'initié descendait dans une fosse avec des bandelettes sacrées et une couronne sur la tête. Le taureau, amené sur cette fosse, dont le couvercle de bois était percé de trous, était égorgé. L'initié recevait son sang sur tout le corps et s'efforçait de n'en pas laisser tomber une seule goutte, ce qui le lavait de ses crimes. Ce baptême de sang était renouvelé tous les vingt ans.

Tavides. Signes, caractères que les insulaires des îles Maldives regardent comme propres à prévenir les maladies et à inspirer l'amour.

Télépathie n. f. Communication de la pensée à distance, telle qu'une personne pensant à une chose, une autre personne placée en un point éloigné ressent la pensée de la première.

Télète n. f. Cérémonie de la purification des personnes qui voulaient se faire initier aux mystères antiques.

Télétique n. f. Initiation aux mystères de l'antiquité.

Tempteires n. m. Le démon tentateur. (Ancien français).

Ténébrion n. m. Esprits des ténèbres.

Théomancie n. f. Partie de la Kabbale juive qui étudie les noms sacrés et les mystères de la nature divine et donne le pouvoir de faire des prodiges.

Téphramancie n. f. Divination reposant sur les lettres respectées par le vent, parmi celles qui avaient été tracées sur de la cendre.

Téraphim n. m. Tête automate qui passait, chez les Hé' .aux, pour prédire l'avenir.

Tératoscopie n. f. Divination qui consiste à tirer des présages de l'apparition des prodiges dans le ciel.

Termagant n. m. Idole du moyen âge, invoquée par les enchanteurs, et qu'on croyait adorée par les Mahométans.

Terre absorbante n. f. La magnésie (Alchimie).

Terre animale n. f. Le phosphate de chaux (pour les alchimistes).

Terre bleue n. f. Nom donné par les alchimistes au phosphate de fer pulvérulent.

Terre foliée mercurielle n. f. Acétate de mercure (dans l'alchimie).

Tervilles. Démons méchants et prophétiseurs, des légendes norvégiennes.

Testérin n. m. Sorcier qui jette des sorts.

Têtes d'airain n. f. pl. Elles étaient fabriquées sous l'influence de certaines constellations ; interrogées par les sorciers, elles jouissaient du pouvoir de donner des conseils.

Tétragrammaton n. m. Mot employé mystérieusement dans la plupart des conjurations qui évoquent le diable.

Teusarpoulier n. m. Esprit malfaisant qui, d'après les légendes bretonnes, apparait sous la forme d'un animal domestique.

Thème céleste n. m. Figure composée de douze triangles (représentant les douze maisons du soleil enfermés entre deux carrés, que dressent les astrologues quand ils tirent un horoscope.

Théomancie. Divination par l'inspiration supposée de quelque divinité.

Théurgie n. f. Art imaginaire de parvenir à des connaissances surnaturelles et d'opérer des miracles par le secours des esprits, des génies ou des démons.

Théürgie n. f. Etude des relations qui existent entre l'homme et le plan supérieur ou plan divin, dans toutes ses modalités, et des intelligences en action dans le monde divin, intelligences formées par la réintégration partielle des entités humaines évoluées et ayant la forme androgyne.

Thessalienne n. f. Synonyme de sorcière.

Thummim n. m. Prétendu don accordé par Dieu aux grands prêtres hébreux pour répondre à ceux qui venaient les consulter.

Thurifumie n. f. Divination par la fumée de l'encens.

Thymiasmata n. m. Parfums d'encens employés dans l'antiquité pour délivrer les possédés.

Tibalang. Fantôme des îles Philippines, qui apparaît dans les arbres, et dans lequel les indigènes croient qu'habitent les âmes de leurs ancêtres.

Tiromancie n. f. Divination par le fromage.

Tityres. Génies du cortège de Bacchus.

Toqui n. m. Sorcier chez les Araucans.

Torngarsuk n. m. Génie supérieur des Groënlandais.

Torno n. f. La femme du diable, dans les légendes périgourdines.

Totam n. m. Esprit qui est censé garder chaque sauvage de l'Amérique septentrionale.

Transdiablé adj. Changé en diable.

Transmétal n. m. Métal que prétendait fabriquer un alchimiste du XVIIIᵉ siècle, en transmuant le fer en cuivre.

Transmutation n. f. Opération par laquelle les alchimistes cherchaient à transmuer les métaux en or.

Trèfle à quatre feuilles n. m. Herbe merveilleuse qui passait pour croître sous les gibets, où elle était arrosée du sang des pendus, et donner la chance au joueur qui la portait. On la cueillait à minuit, par une nuit sans lune.

Treize. Ce nombre est considéré comme néfaste. Bien des personnes ne voudraient pas être treize à table, convaincues que l'une d'elles mourra dans l'année. Elles ne voudraient pas davantage commencer une entreprise le 13 du mois, sous prétexte qu'elle échouerait fatalement.

Trépied sacré n. m. Table à trois pieds, du temple de Delphes, sur laquelle la prêtresse montait pour rendre ses oracles.

Tresgeterre n. m. Autrefois, magicien, enchanteur.

Triaclerie n. f. Charlatanisme.

Triacleur n. m. Charlatan ; marchand de *triacle* (thériaque).

Trollen. Esprits honnêtes des légendes norvégiennes, qui s'embauchaient comme domestiques.

Trows. (V. Drows).

Truie qui file (La) n. f. Truie qui avait été apprivoisée à se dresser et à tenir une quenouille, et qui appartenait à Gillet-Soulard, pauvre diable brûlé en 1466, comme coupable de n'avoir pu obtenir un tel résultat qu'avec l'aide du diable.

Tubercle n. m. Partie de la main dont les chiromanciens d'autrefois faisaient l'objet de leurs études.

Tympanon n. m. Peau de bouc, dont les sorciers font des outres dans lesquelles ils conservent leur bouillon.

Typtologie n. f. Communication des esprits au moyen de coups frappés.

Tyre n. f. Petite boule légère, faite de duvet, dont les Lapons font usage pour leurs opérations magiques.

Tyromancie n. f. Divination au moyen du fromage.

U

Ubidrugal n. m. En philosophie hermétique, dissolution parfaite de toutes les parties qui constituent l'œuvre.

Udaci n. m. Sorte de fakir indou.

Uffituffe n. f. Odeur du mercure philosophal.

Uphir n. m. Démon chimiste qui passait pour être chargé, aux Enfers, du soin de la santé de Belzébuth.

Upiers n. m. (V. Vampire).

Urim n. m. Mot hébreux qui désignait la manière extraordinaire dont Dieu répondait dans certains cas aux consultations du grand prêtre.

Urine n. f. Elle passait pour guérir : les engelures, les ulcères, la teigne, et les sorciers s'en servaient pour provoquer la chute de la pluie.

Uromancie n. f. Art prétendu de deviner les maladies par l'inspection des urines.

Urotopégnie n. f. Maléfice qui consistait à empêcher quelqu'un d'uriner, et auquel on donnait aussi le nom de Chevillement.

Utéseture n. f. Magie islandaise, qui fait converser ceux qui se trouvent la nuit hors de leurs logis, avec des esprits qui leur conseillent de faire le mal.

V

Vache (Fiente de) n. f. Mélangée avec de la corne de cerf réduite en poudre, attachée sur soi pendant le coït, elle rend féconde la femme qui la porte.

Vaïcarini n. m. Fleuve de feu que les âmes doivent, selon les Indous, traverser pour arriver aux Enfers.

Vampire n. m. Cadavre qui, d'après les superstitions polonaises, hongroises, allemandes, sortait la nuit de sa fosse pour aller serrer le cou des vivants ou leur sucer le sang. — Chauve-souris.

Vampire n. m. Apparition qui, en Dalmatie, se présentait sous la forme d'une peau de vieillard ensanglantée.

Vapeur potentielle du métal n. f. En alchimie, l'essence, l'âme du métal.

Vaticinateur n. m. Devin, prophète, astrologue.

Vaticination n. f. Prophétie, prédiction.

Vaticiner v. Prédire, prophétiser.

Vaudoisie n. f. Assemblée de sorciers; sabbat, par allusion aux assemblées des Vaudois.

Ventriloque n. m. Individu qui peut, à volonté, modifier sa voix, de façon à la produire sans remuer les lèvres et à laisser croire qu'elle part du ventre. Les oracles étaient généralement rendus au moyen de la ventriloquie.

Vénus n. f. Nom astrologique du pouce, qui symbolise l'amour.

Ver de terre n. m. Broyés et appliqués sur les nerfs coupés, les vers passaient pour les faire reprendre en peu de temps.

Ver luisant n. m. Il suffisait d'en faire avaler un à un homme pour le rendre impuissant.

Verbe n. m. *mot.* Instrument de génération de l'esprit, se manifestant par des résultats souvent remarquables, non pas à cause du mot prononcé, mais en raison de l'intensité vitale dont l'imagination revêt le mot ennis.

Verchel n. m. Esprit correspondant au Lion. (Kabbale).

Verdelet n. m. Démon chargé de transporter les sorcières au sabbat.

Verge de Moïse n. f. Nom donné quelquefois à la baguette divinatoire.

Verseau n. m. Signe du zodiaque qui gouverne les jambes, d'après les astrologues.

Vert-joli n. m. (V. Verdelet).

Viaram n. m. Augure en vogue au moyen âge.

Vieille n. f. Fantôme de vieille femme qui, dans certaines familles, passait pour porter malchance et annoncer la mort de quelqu'un. D'où l'expression *baiser le cul de la vieille*, appliquée à ceux que poursuit la malchance au jeu.

Vierge n. f. Signe du zodiaque qui, selon les astrologues, gouverne le tronc et le ventre.

Vila n. f. Esprit des légendes dalmates, qui apparaît en camisole blanche et en jupon uni.

Viorne n. f. Plante. La décoction de ses feuilles dans du vin passait pour guérir de l'épilepsie.

Vision n. f. Perception d'objets chimériques qui est une hallucination de la vie.

Visionnaire n. m. Halluciné qui a des visions.

Vitium. Terme augural d'un présage sinistre.

Viviane n. f. Fée des légendes américaines.

Voelur n. f. Prophétesse, magicienne scandinave.

Volœ. Sortes de sibylles ou prophétesses de la démonologie écossaise.

Volonté dynamisée n. f. Celle qui a été entraînée, éduquée à produire des phénomènes de force magnétique.

Vols n. m. (V. Voust).

Volt n. m. Figure de cire servant autrefois aux maléfices. Tous les traitements subis par le volt étaient ressentis, croyait-on, par la personne dont il était l'image.

Voult ou **Voust** n. m. Effigie de cire au moyen de laquelle on se proposait de faire périr ceux qu'on haïssait, et qui servait aux envoûtements.

Voyautes n. f. Sectes de femmes aux Etats-Unis, qui se croient en rapport, par la vue, avec les esprits ou les êtres célestes.

Vroncolaquas n. m. (V. Broucolaque).

Vukodlack n. m. Vampire chez les Morlaques.

W

Wairon n. m. Ancien nom du loup-garou.

Walkiries n. f. Fées scandinaves d'un caractère sauvage.

Watipa. Esprit malfaisant des bords de l'Orénoque.

Wilis n. f. Fantômes blancs des légendes allemandes, qui exécutaient les danses d'outre-tombe et représentaient les âmes des fiancées mortes avant le mariage.

Woloty n. m. Monstres géants chez les Slaves.

Wraith n. m. Nom donné, en Ecosse, à l'esprit en *double* d'un homme vivant. (V. Fetch).

X

Xiston n. m. Poudre de vert-de-gris, à l'usage des magiciens.

Xylomancie n. f. Art de tirer des présages des morceaux de bois sec qu'on rencontrait sur son chemin.

Y

Yara n. f. Sorte de sirène, chez les indigènes du nord du Brésil.

Yoga n. f. Art employé par les extatiques indous pour s'abstenir de manger et de respirer, pendant un temps considérable.

Yogai n. m. Fakir indou qui se livre à la pratique de la yoga.

Yogisme n. m. (V. Yoga).

Z

Zacoûm n. m. Arbre de l'Enfer musulman, dont les fruits sont des têtes de diables.

Zagam n. m. Démon aux ailes de griffon et au corps de taureau, qui passait pour changer l'eau en vin, le sang en huile, le cuivre en or, etc.

Zahories. (V. Zahuris).

Zahuris n. m. Devins espagnols, qui passent pour avoir la vue si subtile qu'ils peuvent découvrir des sources, des trésors, des corps cachés dans le sol.

Zairagie ou **Zairagiah** n. f. Divination arabe qui se fait au moyen de cercles concentriques, correspondant aux cieux des planètes et chargés de lettres dont la rencontre indiquait des présages.

Zazarraguan n. m. Enfer des îles Mariannes, où vont ceux qui meurent de mort violente.

Zizis. Nom donné par les Juifs modernes à leurs phylactères.

Zoureg n. m. Petit serpent mystérieux des Arabes, qui passait pour tuer instantanément ceux dont il traversait les corps.

Zuriel n. m. Esprit de la Kabbale correspondant au signe de la Balance.

PHRÉNOLOGIE

Acquisitivité n. f. Désir de posséder, instinct d'acquérir et d'entasser.

Agréabilité. Aptitude à s'adapter au milieu, à sympathiser avec les autres hommes.

Alimentivité n. f. Appétit pour la nourriture.

Amativité n. f. Instinct sexuel.

Amitié n. f. Attachement aux amis, instinct social.

Amour parental n. m. Amour des jeunes, instinct de la progéniture.

Approbativité n. f. Amour de la louange, de la renommée, ambition.

Bibivité n. f. Appétit des boissons.

Bienveillance n. f. Abnégation, amour des autres, humanité, désir du bien-être.

Calcul n. m. Intelligence des nombres et de leurs rapports.

Causalité n. f. Intelligence des relations de causes à effets.

Circonspection n. f. Sens du danger, vigilance.

Combativité n. f. Instinct de résistance, esprit de lutte, courage, résolution.

Comparaison. Discernement, sens des ressemblances et des différences ; pouvoir d'analyse et de critique.

Conjugalité n. m. Amour

exclusif d'un seul ; instinct de l'union par couple.

Conscience n. f. Sentiment de la justice, sens du droit et du vrai.

Constructivité n. f. Aptitude à combiner et à construire.

Continuité n. f. Absorption dans une idée, une occupation ; persistance de l'émotion, de la pensée.

Couleur n. f. Perception de la lumière, des ombres, distinction des teintes.

Destructivité n. f. Tendance à détruire, à exterminer.

Espérance n. f. Anticipation. Sens de la jouissance d'un bien futur.

Estime de soi-même n. f. Sentiment de sa valeur, dignité, fierté.

Éventualité n. f. Intelligence des événements, liaison des faits.

Facultés affectives n. f. pl. Rubrique sous laquelle les phrénologistes comprennent les groupes *domestique, égotiste, moral* et du *perfectionnement personnel.*

Facultés intellectuelles n. f. pl. Titre sous lequel les phrénologistes réunissent les groupes *perceptif* et *réflectif.*

Fermeté n. f. Ténacité, persévérance.

Forme n. f. Perception de la configuration des traits.

Gaieté n. f. Sens du ridicule, esprit, humour.

Groupe domestique n. m. Il comprend l'amativité, l'amour parental, l'amitié, l'habitivité et la continuité, et fait partie des facultés affectives.

Groupe égoïste n. m. Groupe des facultés affectives comprenant :

la vitavité, la combativité, la destructivité, l'alimentivité et la bibivité, l'acquisivité, la secrétivité, la circonspection, l'approbativité, l'estime de soi-même et la fermeté.

Groupe moral n. m. Groupe des facultés affectives dans lequel sont comprises : la conscience,

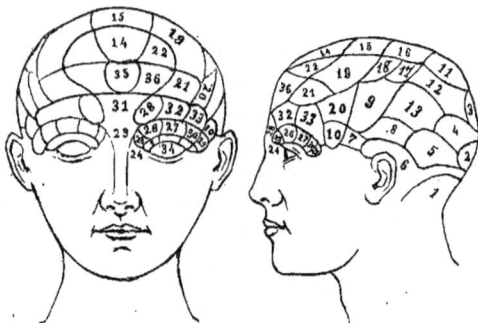

1. Amativité.	19. Sublimité
2. Amour parental.	20. Idéalité.
3. Habilité.	21. Gaieté.
4. Agréabilité.	22. Imitation.
5. Combativité.	23. Individualité.
6. Destructivité.	24. Forme.
7. Alimentivité.	25. Taille.
8. Secrétivité.	26. Poids.
9. Acquisivité.	27. Couleur.
10. Constructivité.	28. Localité.
11. Estime de soi-même.	29. Calcul.
12. Approbativité.	30. Ordre.
13. Circonspection.	31. Éventualité.
14. Bienveillance.	32. Temps.
15. Vénération.	33. Musique.
16. Fermeté.	34. Langage.
17. Conscience.	35. Comparaison.
18. Espérance.	36. Causalité.

l'espérance, la spiritualité, la vénération, la bienveillance.

Groupe perceptif n. m. Section des facultés intellectuelles qui, d'après les phrénologistes, renferme l'individualité, la forme, la taille, le poids, la couleur, l'ordre, le calcul, la localité, l'éventualité, le temps, la musique, le langage.

Groupe du perfectionnement personnel n. m. Groupe des facultés affectives, dans lequel les phrénologistes font entrer : la constructivité, l'idéalité, la sublimité, l'imitation, la gaieté.

Groupe réflectif n. m. Division des facultés contenant, d'après la phrénologie : la causalité et la comparaison (nature humaine et agréabilité).

Habitivité n. f. Amour du foyer, du pays, patriotisme.

Idéalité n. f. Sens du beau, physique et moral.

Imitation n. f. Aptitude à imiter, à copier.

Individualité n. f. Perception des êtres individuels, esprit d'observation, curiosité.

Langage n. m. Connaissance des mots, pouvoir de l'expression.

Localité n. f. Intelligence des lieux et des situations.

Musique. Intelligence de la mélodie et de l'harmonie.

Ordre n. m. Intelligence de l'arrangement, système, méthode.

Poids n. m. Perception de la force, de l'équilibre.

Secrétivité n. f. Instinct de la ruse, de la dissimulation, esprit diplomatique et politique.

Spiritualité n. f. Amour du merveilleux, crédulité.

Sublimité n. f. Amour du grandiose, sens de l'infini.

Taille n. f. Sens de l'espace, perception des quantités.

Temps n. m. Intelligence de la durée.

Vénération n. f. Sens religieux, adoration, culte pour les êtres.

Vitavité n. f. Amour de la vie, crainte du néant.

PHYSIOGNOMONIE ET PATHOGNOMONIQUE

Bouche close. Résolution.

Bouche ouverte. Faiblesse, irrésolution.

Bouche resserrée, relevée aux extrémités. Affectation, vanité, malice.

Bourrelet frontal (au-dessus des yeux). Esprit des mots, aptitudes artistiques.

Bras velus. Penchant irrésistible à la volupté.

Chevelure plate. Esprit sans consistance.

Cheveux blond doré. Noblesse de caractère, esprit ouvert.

Cheveux courts et forts. Energie, vitalité.

Cheveux longs et fins. Caractère faible.

Cheveux noirs, minces et clairsemés. Jugement sain, esprit terre à terre.

Cheveux plats, épais, grossiers. Assiduité, esprit d'ordre.

Cheveux rouges. Être absolument bon ou absolument méchant.

Cheveux et sourcils de couleur différente. Gens auxquels il ne faut pas se fier.

Cou difforme. Esprit borné.

Cou flexible. Souplesse, platitude.

Cou gros et enfoncé. Force, colère.

Cou gros et grand. Force, magnanimité.

Cou long et effilé. Caractère flegmatique, efféminé.

Cou penché en avant. Curiosité, avarice.

Cou penché à droite. Esprit studieux.

Cou penché à gauche. Dissipation, obscénité.

Cou raide. Intolérance, insociabilité.

Cou sillonné de nerfs et de veines. Méchanceté, énergie.

Cuisses courtes. Méchanceté, envie.

Cuisses fortes. Esprit égal.

Cuisses grosses et nerveuses. Energie.

Dents blanches et bien rangées. Cœur bon et honnête.

Dents larges et serrées. Signe de longue vie.

Dents longues. Faiblesse, timidité.

Dents négligées et sales. Mauvais sentiments.

Dents petites et courtes. Grande force.

Enfoncement au milieu du front. Faiblesse, lâcheté.

Front arrondi, sans relief. Caractère doux, conciliant.

Front bossué. Diligence, ténacité.

Front à plis fixes. Stupidité.

Front à plis mobiles. Faiblesse.

Front arqué. Esprit féminin.

Front lisse. Manque d'imagination.

Front oblique et en arrière. Imagination, délicatesse.

Front osseux, arqué. Nature ferme, droite.

Front oblong. Esprit d'étendue.

Front perpendiculaire à la racine des cheveux et aux sourcils. Signe d'intelligence.

Front plissé horizontalement. Mollesse, indifférence.

Front plissé parallèlement. Sagesse, esprit judicieux.

Front plissé verticalement. Energie.

Front qui surplombe. Esprit obtus.

Front rétréci. Esprit positif, méticuleux, rigide.

Front sans plis. Froideur, hypocrisie, bassesse.

Front traversé par une veine gonflée. Grandes capacités.

Gencives supérieures apparentes (à l'ouverture de la bouche). Froideur, calme, absence de passion.

Genou cagneux. Ruse.

Genou charnu. Caractère mou.

Genou osseux. Force, impudicité.

GRAINS DE BEAUTÉ ou SEINGS

D'après leur position, ils sont interprétés ainsi :

Cardiaque (région). Méchanceté, mauvais caractère.

Cou. Grande fortune.

Cou (derrière le). On peut être décapité.

Epaules. Captivité.

Front. Grandes richesses.

Joue. Opulence.

Langue. Bonheur en ménage.

Lèvres. Gourmandise.

Mains. Beaucoup d'enfants.

Menton. Richesses, trésors.

Oreilles. On jouira d'une bonne réputation.

Poitrine. On n'arrivera jamais à une grosse fortune.

Reins. On restera toujours pauvre.

Sourcils (dans les). Veuvages répétés; on se remariera jusqu'à cinq fois.

Sourcils (près des). Beauté et bonté.

Ventre. Amour de la bonne chère et des jouissances matérielles.

Joues charnues. Appétits sensuels.

Joues creuses. Chagrin, mélancolie, désarroi.

Joues enfoncées triangulairement. Envie, jalousie.

Joues formant trois lignes circulaires et parallèles dans le rire. Folie.

Joues maigres et rétrécies. Inaptitude aux jouissances.

Joues ondulées. Bon sens, expérience.

Joues relevées vers les yeux. Sensibilité, noblesse.

Joues sillonnées. Bêtise, rusticité.

Lèvres charnues. Paresse, sensualité.

Lèvres fermes. Caractère énergique.

Lèvres fortes et contournées. Timidité, avarice.

Lèvres grosses. Penchant à la volupté.

Lèvre inférieure creusée au milieu. Enjouement.

Lèvre inférieure débordante. Indifférence.

Lèvres mobiles. Caractère changeant.

Lèvres molles. Caractère faible.

Lèvres resserrées, à bords effacés. Sang-froid, propreté, exactitude.

Lèvre supérieure légèrement débordante. Bonté.

Membres et tronc velus. Tendance à la volupté.

Menton angulaire. Esprit juste et impartial.

Menton avancé. Caractère ferme.

Menton charnu à double étage. Sensualité.

Menton en anse. Avarice, attachement aux petits détails.

Menton en retrait. Faiblesse physique et morale.

Menton fendu au milieu. Calme et résolution.

Menton perpendiculaire à la lèvre inférieure. Homme en qui l'on peut avoir confiance.

Menton petit. Timidité.

Menton plat. Caractère froid et sec.

Menton pointu. Esprit actif et délié.

Menton rond avec fossette. Bonté.

Narine mobile et écartée. Délicatesse de sentiments, sensualité.

Narine petite. Timidité, incapacité.

Nez beau. Esprit élevé.

Nez camus. Impudicité.

Nez courbé au sommet. Nature impérieuse et dominatrice.

Nez à épine large. Facultés supérieures.

Nez grand. Probité.

Nez penché vers la bouche. Bonté, noblesse, joyeux caractère.

Nez perpendiculaire. Tempérament moyen, caractère mitigé.

Nez petit, échancré en profil. Bon cœur, délicatesse, docilité.

Nez à racine étroite. Habileté à trouver des expédients, manque de suite dans les idées.

Nez retroussé. Gaieté, finesse, espièglerie.

Oreille collée à la tête. Bêtise et entêtement.

Oreille détachée. Franchise, capacité.

Oreille étroite et arrondie. Facultés supérieures.

Oreille large et unie. Aptitudes musicales.

Oreille massive et arrondie. Esprit vulgaire.

Oreille sans rebord. Bêtise.

Paupières échancrées. Humeur colérique, aptitudes artistiques.

5.

Paupières épaisses très fendues. Tempérament sanguin, nature remarquable.

Paupières minces. Sagacité, bon goût, orgueil, galanterie.

Paupières en plein cintre. Grande délicatesse, nature timide.

Pied délié. Hardiesse, malice, activité.

Pied long et menu. Individu dangereux, dont il faut se méfier.

Pied petit et gras. Mollesse.

Poignée de main à un ou deux doigts. Orgueil, méfiance, fausseté.

Poignée de main énergique. Droiture, force de caractère, virilité, sauf chez les dissimulateurs habiles.

Poignée de main molle. Fausseté, mollesse; ce caractère n'est pas applicable aux poignées de main forcées.

Sourcils anguleux et entrecoupés. Esprit actif, productif.

Sourcils bien arqués. Bonhomie, simplicité.

Sourcils épais et bien alignés. Jugement sain et profond.

Sourcils horizontaux. Nature énergique.

Sourcils minces. Faiblesse, flegme.

Sourcils rapprochés des yeux. Caractère sérieux et solide.

Sourcils relevés vers le cerveau. Cruauté.

Sourcils remontés loin des yeux. Caractère sans force et sans hardiesse.

Sourcils rudes et en désordre. Esprit vif, emporté, inflexible.

Taroupe (*Touffe de poils entre les sourcils*). Nature jalouse, sournoise et défiante.

Tête bien proportionnée. Esprit équilibré.

Tête trop grosse. Brutalité, instinctivité.

Tête trop petite. Légèreté, défaut de bon sens.

Ventre gros. Paresse, sensualité.

Ventre plat. Activité, frugalité.

Yeux à angle aigu vers le nez. Sagacité, finesse, esprit judicieux.

Yeux bleus. Caractère doux, indulgent.

Yeux bleu-clair. Flegme.

Yeux bleu-clair (*faïence*). Nature bien douée, passionnée, jalouse, curieuse.

Yeux grands, expressifs. Caractère énergique.

Yeux brun-jaunâtre. Génie, grandeur.

Yeux grands et flasques. Caractère flegmatique.

Yeux petits, noirs, vifs. Finesse, ruse, ténacité.

Yeux verts. Colère, bravoure, constance.

ONIROMANCIE

Songes. — Leur interprétation

Aigle qui tombe. Signe de mort.

Aigle qui vole. Bon présage.

Ane en repos. Caquets, médisance.

Ane qui brait. Fatigues, inquiétudes.

Ane qui court. Malheurs.

Arc-en-ciel (*vu à l'occident*). Bonheur pour les riches.

Arc-en-ciel (*vu à l'orient*). Bonheur pour les pauvres.

Argent en petites pièces. Richesse.

Argent perdu. Bonnes affaires.

Argent trouvé. Chagrin, pertes.

Bain dans l'eau claire. Bonne santé.

Belette. Amour d'une méchante femme.

Boudin (Faire du). Peines.

Boudin (Manger du). Visite inattendue.

Brigands (Attaqué par des) Perte de fortune.

Cervelas (Faire des). Passion violente.

Cervelas (Manger des). Amourettes, bonne santé.

Champignons. Vie longue, bonne santé.

Chants d'église. Présage funeste.

Chante (Femme qui). Pleurs, gémissements.

Chante (Homme qui). Espérance.

Charbons allumés. Embûches.

Charbons éteints. Mort.

Chat. Trahison.

Chat - huant. Funérailles, deuil.

Chenilles. Malheur, trahison.

Cheveux arrachés. Perte d'amis ou d'argent.

Chien. Bonheur conjugal.

Corbeau qui vole. Danger de mort.

Couronne d'argent. Bonne santé.

Couronne d'or. Honneurs.

Couronne d'ossements. Mort.

Couronne de verdure. Dignités.

Curé. Présage funeste.

Cygne noir. Tracas dans le ménage.

Dents (Chute de). Mort.

Dindons. Folie de parents ou d'amis.

Eau chaude (Boire de l'). Maladie.

Eau fraiche (Boire de l'). Grandes richesses.

Eau trouble (Boire de l'). Chagrin.

Enterrement (Aller à l'). Heureux mariage.

Étoiles (Chute d'). Revers, déplaisir.

Excréments (Être souillé d'). Ennuis, graves tracas.

Excréments (Voir des). Bonne chance, profits, argent.

Fantôme blanc. Joie, honneur.

Fantôme noir. Peines, chagrins.

Femme (Voir une). Infirmités.

Femmes (Voir plusieurs). Caquet.

Femme blanche. Heureux événement.

Femme noire. Maladie.

Femme nue. Mort d'un parent.

Femme qui accouche. Joie.

Fesses (Voir des). Infamie.

Fèves (Manger des). Querelles, procès.

Filets. Pluie.

Flambeau allumé. Récompense.

Flambeau éteint. Emprisonnement.

Fleurs. Prospérité.

Folie (Rêver qu'on est atteint de). Bienfaits de l'autorité, longue vie.

Fortune. Misère.

Fricassée. Caquets de femmes.

Gain au jeu. Perte d'amis.

Galant (Homme rêvant qu'il est). Bonne santé.

Galante (Femme rêvant qu'elle est). Succès dans le commerce.

Galante (Jeune fille rêvant qu'elle est). Inconstance.

Gibet. Grand succès.

Grenouilles. Indiscrétion.

Hanneton. Importunités.

Homme assassiné. Sécurité.

Homme vêtu de blanc. Bonheur.

Homme vêtu de noir. Malheur.

Justice (Avoir affaire à la). Amourettes futures.

Lait (Boire du). Amitié de femmes.

Lapin blanc. Succès.

Lapin noir. Revers.

Lapin (Manger du). Excellente santé.

Lapin (Tuer un). Perte, tromperie.

Lard (Manger du). Victoire.

Lézard. Malheur, trahison.

Limaçon. Charges honorables.

Linge blanc. Mariage.

Linge sale. Mort.

Lune (Voir la). Retard dans les affaires.

Lune obscure. Tourments.

Lune pâle. Peines, chagrins.

Manger à terre. Colère.

Médecine (Donner une). Profits.

Médecine (Prendre une). Misères.

Meurtre (Voir un). Sécurité.

Miroir. Trahison.

Mort. Mariage.

Moustaches (Grandes). Augmentation de richesses.

Navet. Espérances, illusions.
Nuage. Querelle.
Nuée. Discorde.
Œufs blancs. Bonheur.
Œufs cassés. Malheur.
Oie. Présage d'honneur.
Or. Misère.
Ossements. Peines, chagrins.
Pâtisserie. Chagrins, tristesse.
Pendaison (Rêver qu'on est condamné à la). Grand succès.
Perroquet. Bavardage, indiscrétions.
Pièces d'or. Misère.
Pleurs. Joie.
Poissons. Argent.
Quenouille. Pauvreté.
Rats. Ennemis cachés.
Roses. Plaisirs.
Sang (Voir du). Heureuse chance.

Sauter dans l'eau. Persécution.
Scolopendre. Malheur, trahison.
Scorpion. Trahison, maux de toutes sortes.
Soufflet donné. Paix, union conjugale.
Soufre. Empoisonnement.
Tempête. Outrages, grand péril.
Tête blanche. Joie.
Tête chevelue. Dignités.
Tête coupée. Infirmités.
Tête tondue. Tromperie.
Tourterelles. Mariage.
Trésors. Chagrins, tourments.
Vendanges. Santé, richesse.
Violettes. Succès.
Violon (Entendre jouer du). Bonne intelligence du mari et de la femme.

CARTOMANCIE

As de carreau. Lettre, nouvelle.

As de cœur. Joyeuse et bonne nouvelle ; entouré de figures, invitation à un dîner.

As de pique. Proposition de bagatelle qui vous sera faite ; renversé, vous annonce grande tristesse.

As de trèfle. Grande réussite dans vos projets.

Carreau. Carte moins bonne que le cœur ; il est même considéré comme étant mauvais.

Cœur. Carte bonne et favorable.

Dame de carreau. Méchante femme qui vous calomnie.

Dame de cœur. Femme bonne et serviable ; renversée, elle indique que ses bons services seront entravés.

Dame de pique. Veuve et méchante femme qui vous veut du mal et cherchera à vous trahir.

Dame de trèfle. Femme qui vous aime ; renversée, elle sera jalouse.

Deux as. Haine.

Deux dames. Amitié.

Deux dix. Pertes, revers de fortune.

Deux huit. Désagrément.

Deux neuf. Argent.

Deux rois. Bons conseils.

Deux sept. Amourettes.

Deux valets. Querelles.

Dix de carreau. Mariage inattendu, surprise.

Dix de cœur. Surprise agréable.

Dix de pique. Chagrin, emprisonnement.

Dix de trèfle. Argent, gain et profit.

Huit de carreau. Annonce de pas et démarches désagréables.

Huit de cœur. Visite inattendue.

Huit de pique. Mauvaise nouvelle.

Huit de trèfle. Joie, espérance.

Neuf de carreau. Retard.

Neuf de cœur. Accord, réconciliation.

Neuf de pique. Retard dans les affaires.

Neuf de trèfle. Victoire en amour.

Pique. Carte que l'on considère comme mauvaise et la plus funeste du jeu.

Quatre as. Annoncent une mort prochaine.

Quatre dames. Grands bavardages.

Quatre dix. Événements désagréables.

Quatre huit. Revers, mauvaise fortune

Quatre neuf. Bonnes actions.

Quatre rois. Honneurs.

Quatre sept. Intrigues.

Quatre valets. Maladie.

Roi de carreau. Homme qui essaiera de vous nuire.

Roi de cœur. Homme qui vous veut du bien ; renversé, obstacle qui contrariera ses bonnes intentions.

Roi de pique. Homme de robe ; renversé, annonce la perte d'un procès.

Roi de trèfle. Homme âgé, serviable, qui soutiendra vos intérêts.

Sept de carreau. Profit, espoir de gain à une loterie.

Sept de cœur. Proposition de mariage.

Sept de pique. Disputes et larmes.

Sept de trèfle. Faiblesses amoureuses.

Trèfle. Carte considérée comme presque aussi bonne que le cœur.

Trois as. Débauche.

Trois dames. Duperies de femmes.

Trois dix. Changement de position.

Trois huit. Mariage.

Trois neuf. Imprudence.

Trois rois. Réussite, prospérité commerciale.

Trois sept. Divertissement, grossesse.

Trois valets. Paresse, fainéantise.

Valet de carreau. Militaire, ou encore messager de bonnes ou mauvaises nouvelles, suivant les cartes qui l'entourent.

Valet de cœur. Militaire qui pense à vous et désire entrer dans la famille ; renversé, ses projets n'aboutiront pas.

Valet de pique. Présage qu'un de vos amis vous trompera.

Valet de trèfle. Amoureux et demande en mariage.

GRAPHOLOGIE

A

A élancé, de forme typographique. Grâce, légèreté.

A fioriture. Imagination.

A harmonique. Bon goût, élégance.

A inharmonique. Manque de goût, affectation.

A majuscule, en forme de minuscule. Inattention, simplicité.

A majuscule (*forme typographique*). Légèreté, grâce.

Angles nombreux. Cœur sec.

Angles très aigus. Volonté forte, obstination, ardeur.

BARRE DU T :

Avec retour anguleux de la finale. Entêtement extrême.

Courte et nettement arrêtée. Initiative, résolution.

En crochet. Entêtement, ténacité.

En pointe. Volonté ardente, mais sans consistance.

En massue. Entêtement.

En serpentin. Volonté souple.

Enlaçant le haut de la hampe. Indépendance de caractère; mépris de l'opinion d'autrui.

Forte, arrêtée brusquement. Idées bornées ou préconçues.

Imperceptible. Volonté sans consistance.

Longue. Vivacité.

Nulle. Manque de volonté, d'initiative.

Placée au sommet de la lettre. Esprit despotique.

Prolongée et forte. Fermeté, énergie.

COU

C majuscule bien arrondi. Obséquiosité.

Crochets aux majuscules. Egoïsme, sentiment personnel très développé.

Crochets en retour. Egoïsme.

Crochets très accentués. Orgueil, vanité.

Courbes exagérées. Imagination, désordre de l'esprit.

Courbes fermes. Hardiesse, courage.

Courbes molles. Paresse ; manque d'énergie.

Courbes nombreuses. Bonté, douceur.

D arrêté net. Simplicité, naturel.

D avec crochet. Orgueil, fatuité, égoïsme.

| **ECRITURE :**

Accentuée. Caractère violent ; tendances colériques.

Allongée. Souplesse.

Anguleuse. Force, énergie.

Ascendante. Ambition, entrain.

Bien espacée. Jugement, ordre, méthode.

Courbe. Faiblesse, douceur.

Descendante. Mélancolie, tristesse, résignation.

Difficile à lire, gladiolée. Intention de ne pas se laisser deviner ; dissimulation.

Eclectique. Esprit éclectique.

En coups de sabre. Virilité, ardeur, courage dans la lutte.

Espacée. Prodigalité, dépense, largeur d'idées.

Etroite. Esprit mesquin.

Excentrique. Caractère bizarre.

Ferme. Droiture, loyauté.

Fine et serrée. Minutie, ruse, avarice.

Forte, empâtée. Passions violentes.

Gladiolée. Habileté, finesse.

Grossissante. Franchise, loyauté, naïveté.

Harmonique. Esprit élevé ; intelligence.

Inclinée. Sensibilité, impressionnabilité.

Inharmonique. Inintelligence, immoralité.

Juxtaposée. Imagination, impressionnabilité.

Liée. Détail, analyse, calcul.

Longue et effilée. Souplesse, habileté.

Magistrale (grande de forme). Esprit élevé, sentiments nobles.

A mouvements exagérés. Exaltation, exubérance.

Négligée. Esprit léger, paresseux, insouciant.

Nette. Ordre, méthode.

Penchée de droite à gauche. Prédominance des sentiments sur la raison.

Penchée de gauche à droite. Esprit de révolte, résistance.

Percée à jour. Prodigalité.

Perpendiculaire. Prédominance de la tête sur le cœur.

Petite. Esprit minutieux.

Rectiligne. Justice, droiture.

Relevée. Volonté, esprit dominateur, raisonnement.

Restreinte d'effets. Calcul, bon emploi du temps.

Sans finale. Economie, amour de l'argent.

Serpentine. Ruse, mensonge, savoir-faire.

Soignée dans les détails. Esprit minutieux.

Ténue. Impénétrabilité, discrétion.

Uniforme. Calme, tranquillité.

Empâtements irréguliers. Esprit personnel.

Espacement (Large) des mots. Franchise, candeur, naïveté.

F barré avec crochet. Entêtement sans bornes.

F minuscule barré en retour. Obséquiosité.

Finales à crochets. Esprit étroit.

Finales longues. Prodigalité, dépense, largeur de vues.

Fioritures nombreuses. Orgueil.

Formes arides. Esprit personnel.

Formes harmoniques. Qualités.

Formes inharmoniques. Défauts.

Grands mouvements de plume. Imagination, exaltation.

Grands traits et enjolivures. Imagination, suffisance, orgueil.

Hampe élevée. Poésie, mysticité.

Hampe filiforme. Indécision, faiblesse de caractère.

Hampe forte. Volonté, énergie de caractère.

Hampe très basse. Esprit terre à terre.

L majuscule incliné. Religiosité.

L majuscule sautillant. Esprit peu sérieux.

LETTRES :

Alternativement inclinées et relevées. Négligence; irrégularité d'action.

A crochet. Orgueil, égoïsme.

Alternativement faibles ou fortes. Souplesse, volonté irrégulière.

Anguleuses. Esprit personnel.

Arrondies. Égoïsme.

Avec délié final. Prodigalité, généralisation.

Bien proportionnées. Belle intelligence, sens de la forme, de la poésie.

Déguisées en elles-mêmes. Ruse, hypocrisie.

Disproportionnées. Prétention, manque de jugement.

Entassées. Avarice.

Entrebâillées. Facultés développées.

Faibles et en pointe. Manque de résolution.

Fermées. Retenue, réserve, détours, mensonge.

Finales anguleuses. Obstination, volonté forte.

Hautes. Mysticisme, poésie, idéalité.

Illisibles. Bizarrerie d'humeur, originalité.

Imperceptibles. Nature faible.

Inclinées en bas. Faiblesse.

Jambages inégaux. Versatilité.

Jambages séparés. Esprit de désordre.

Juxtaposées. Prédominance de la tête sur le cœur.

Liées. Prédominance des sentiments sur la raison.

Longues et dirigées en haut. Ambition, inexactitude.

Ouvertes. Candeur, bavardage, épanchement.

Pansues. Imagination, désordre de l'esprit.

Surchargées. Vulgarité de l'esprit, pose.

Sans délié final. Avarice, esprit positif.

Lignes ascendantes. Ambition ; sentiment de la valeur personnelle.

Lignes descendantes. Abattement, déception.

Lignes descendantes et remontantes. Caractère inégal.

Lignes droites. Ordre, calme du cœur, esprit tranquille.

Lignes espacées. Prodigalité.

Lignes incohérentes. Agitation morale, inquiétude.

Lignes nombreuses à la page. Ladrerie, économie.

Lignes ondulées. Ruse, savoir-faire.

M majuscule en forme de m minuscule. Naturel, simplicité, vivacité d'esprit.

Majuscules épatées. Faux orgueil.

Majuscules placées plus bas que la ligne. Absence de goût et d'aspirations poétiques.

Majuscules trop élevées. Esprit mesquin.

Majuscule pour minuscule. Orgueil, égoïsme.

Marge convergeant avec le bord du papier. Avarice.

Marge divergeant avec le bord du papier. Prodigalité.

Minuscule pour majuscule. Simplicité, manque d'ordre.

Minuscules typographiques. Sens artistique.

Mots ascendants. Ardeur, emportement.

Mots descendants. Fatalité.

Mots espacés. Prodigalité.

Mots gladiolés. Finesse d'esprit, ironie, persiflage.

Mots grossissants. Abandon, confiance.

Mots liés entre eux. Facilité d'assimilation, esprit d'analyse.

Mots nombreux à la ligne. Ladrerie, économie.

Mots peu nombreux à la ligne. Prodigalité, générosité.

Mots sans finale. Économie, possession de soi.

N majuscule à jambage allongé. Esprit de protection.

Point après la date. Doute, méfiance.

Point après la signature. Prudence, expérience acquise.

Points oubliés. Imprudence, confiance, nature qui se livre facilement.

Ponctuation manquante. Esprit léger ; imprudence.

R majuscule en chevalet. Dispositions artistiques.

S minuscule assis. Obéissance, humilité.

Signes accentués. Facultés intenses, développées.

Signes irréguliers. Facultés inégales.

Syllabes juxtaposées. Équilibre de l'esprit, éclectisme, tendances encyclopédiques.

Syllabes scindées. Esprit encyclopédique.

T barré en retour. Entêtement, obstination.

T barré fortement. Volonté énergique.

T barré très haut. Esprit de domination ; tyrannie.

Tassement des mots. Avarice, économie.

Trait à la fin des lignes. Doute, méfiance.

Traits durs et arrêtés. Opiniâtreté.

Traits grossissants. Intensité de la volonté.

Traits incertains. Doute, timidité, ruse.

Traits lancés. Esprit vif et ardent.

Traits lancés en haut. Coups de tête.

Traits qui soulignent les mots. *Ascendants*, volonté d'arriver au but ; *descendants* laisser-aller.

Traits souples. Bonté, douceur.

V majuscule à dernier jambage allongé. Esprit de domination, de protection et d'indépendance.

Virgules oubliées. Imprudence, grande confiance.

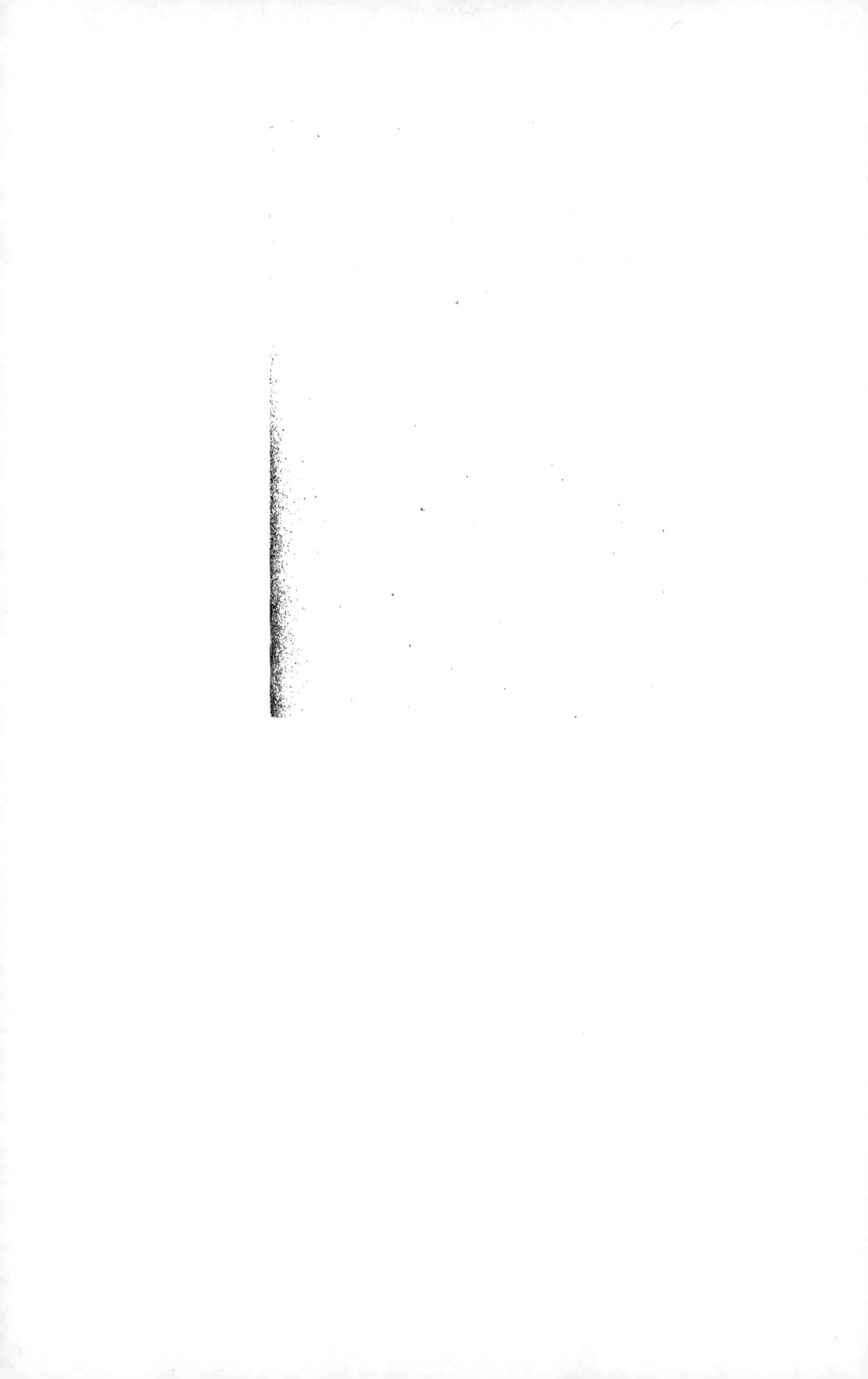

ONOMAMANCIE

Aagje. Agathe, en flamand.

Abdon. Serviteur.

Abel. Qui pleure.

Abraham. Père illustre.

Achille. Qui n'a pas de lèvres ou qui a de belles lèvres.

Adalbert. Illustre, noble.

Adélaïde. Fille illustre.

Adèle. Noble.

Adéodat. Donné par Dieu.

Adolphe. Secours paternel.

Adorjan. Adrien (hongrois).

Adrien. Qui a un courage mâle.

Afanasil. Athanase (russe).

Agafia. Agathe (russe).

Agathe. Bonne, courageuse.

Aglaé. Beauté, glaive.

Agnan. L'agneau.

Aguel. Jeune agneau.

Agnès. Pure, chaste.

Agoston. Auguste (hongrois).

Agota. Agathe (hongrois).

Agrippine. Née les pieds devant.

Agueda. Agathe (portugais).

Aignan. Agneau.

Aimé. Chéri, qu'on aime.

Alain. Des Alains, peuple germanique.

Alajos. Louis (hongrois).

Alban. Blanc, pur, chaste.

Albert. De haute naissance.

Albertine. (V. Albert).

Albin. (V. Alban).

Albrecht. Albert (flamand, allemand).

Alcide. Fort.

Alejandro. Alexandre (espagnol).

Alejo. Alexis (espagnol).

Alexandre. Qui protége les guerriers, guerrier protecteur.

Alexina. (V. Alexis).

Alexis. Protecteur.

Alfred. Très tranquille, très pacifique.

Alice. Fille noble; qui repousse l'attaque.

Alida. Adèle (flamand)."

Alienor. Eléonor (espagnol).

Aline, Fine comme une aiguille, élancée.

Alix. Fille célèbre.

Allodio. Eloi (italien).

Alphonse. Tout flamme; bienheureux.

Alta. Elevée, orgueilleuse.

Amada. (V. Aimé).

Amance. Aimante.

Amand. Digne d'être aimé.

Amanda. (V. Amand).

Amalaric. Puissant parmi tous.

Ambroise. Immortel.

Amédée. Aimé de Dieu.

Amélie. Puissante entre toutes ; insouciante.

Amita. (V. Aimé).

Amvroeii. Ambroise (russe).

Anaclet. Qu'on invoque.

Anastase. Qui ressuscite.

Anastasie. Qui ressuscite.

Anatole. Aurore.

Anatolie. (V. Anatole).

Ancel. Serviteur.

Andoche. Parrain, répondant.

Andoque. (V. Andoche).

Andras. André (hongrois).

André. Qui a un courage mâle.

Andréa. Courageuse.

Angélique. Digne des anges.

Angèle. Petit ange, messagère.

Angyalka. Angèle (hongrois).

Anicet. Qu'on ne peut vaincre.

Anne. Gracieuse.

Anselme. Compagnon casqué.

Antal, Anti. Antoine (hongrois).

Antoine, Antonin. Fort, fils d'Hercule; inestimable.

Apert. Ouvert, distinct.

Apollin. Qui chasse le mal, digne d'Apollon, de la famille d'Apollon.

Aquilin. Aigle.

Arcade. Soutien, secours.

Aristarque. Le meilleur chef.

Aristide. Le mieux fait.

Armand. Qui doit être armé.

Arnaud. (V. Arnould).

Arnould. Pur.

Arsène. Caractère énergique.

Arszlan. Léon (hongrois).

Athanase. Immortel.

Athénaïs. Sage; semblable à Minerve.

Aubert. (V. Albert).

Aubin. (V. Alban).

Auguste. Grandi, accru, augmenté.

Augustin. Riche d'honneurs.

Aure. Souffle du zéphyr.

Aurélie. Belle comme le soleil; qui a beaucoup d'or.

Aurélien. Doré, brillant.

Aurore. Lever du jour.

Austin. Augustin (anglais).

Aveline. Noisette.

Babet. Serment de Dieu (corruption d'Élisabeth).

Babin. Lippu.

Babylas. Porte divine.

Balazs. Blaise (hongrois).

Balbine. Qui balbutie, qui parle mal.

Balint. Valentin (hongrois).

Barbara, Batje. Barbe (flamand).

Barbe. Étrangère, qui s'exprime mal; consolation.

Barend. Bernard (flamand).

Barnabé. Fils de la consolation.

Barni. Brave, vaillant.

Bart. Barthélemy (flamand).

Barthelet. (V. Barthélemy).

Basile. Souverain, roi.

Basilien. Royal.

Bathilde. Bonne fille; force de la vieillesse.

Baudoin, Baudouin. Joie, gaieté.

Baudoire. Joie, gaieté.

Bayle. Pasteur, berger.

Béatrix. Bienheureuse.

Bela. Albert (hongrois).

Belet. Petit agneau.

Belin. Petit enfant.

Benard, Besnard. (V Bernard).

Bénédek. Benoît (hongrois).

Bénédict. Béni.

Benedikt. Benoît (allemand).

Bénézet. (V. Benoît).

Beni. Benjamin (hongrois).

Benjamin. Fils chéri.

Benoît. Béni.

Bénoni. Conçu dans la douleur.

Béraud. Bélier.

Bernard. Patient, ferme à supporter, fort comme l'ours.

Bernardin. (V. Bernard).

Bernardine. (V. Bernard).

Bertalan. Barthélemy (hongrois).

Berthe. Illustre, belle.

Berthilde. D'une fidélité reconnue.

Bertin. Beau.

Bertram. Bertrand (flamand).

Besson. Jumeau.

Betje. Elisabeth (flamand).

Bisouard, Bizouard. Colporteur, porte-balle.

Blaise. (V. Basile).

Blanche. Pure, sans tache; brillante.

Blandin. Doux, caressant.

Blazy. Blaise (polonais).

Bodog. Félix (hongrois).

Bogoumil. Amédée (en russe).

Bogumil. Théophile (russe).

Bolda. Béatrix (hongrois).

Bonaventure. Bien né, bien arrivé.

Boquillon. Bûcheron.

Borbala. Barbe (hongrois).

Boucicaut, Bouciquaut. Mercenaire.

Bouge. Poche.

Boyer. Bouvier.

Brandin. Brûlant ou sali d'excréments.

Bregand. Vêtu de la brigandine.

Bregtje. Brigitte (flamand).

Brenin. Sali, souillé.

Breuillot. Des entrailles.

Brice. Aide.

Bridget. Brigitte (anglais).

Brière. Qui travaille la pâte.

Brigida. Brigitte (italien, espagnol).

Brigitte. Qui procure la paix, la sécurité; assistance.

Brodard. Brun, gris (radical, v. français *Brode*).

Bruno. Brun.

Burdin. Armé d'un bourdon ou gros bâton.

Burin. Gris (rad. v. fr. *Bur*)

Calixte. Très beau.

Cambier. Changeur de monnaie.

Camille. De condition libre; qui sert aux autels.

Canivet. Petit canif.

Canut. Puissant.

Capiomont. Sommet de la montagne.

Caroline. Vaillante; illustre.

Casimir. Maître dans la maison.

Cassien. Équitable.

Castel, Castelin. Du château.

Catherine. Pure, sincère.

Cavillier. Railleur.

Cécile. Aveugle.

Céleste. Qui vient du ciel.

Célestine. (V. Céleste).

Céline. (V. Céleste).

Celse. Elevé.

Césaire. Né avec des cheveux.

César. Né par incision ou avec des cheveux.

Césarine. (V. César).

Challemel. Clarinette.

Chamerot. Qui cultive le chanvre ou *chameret*.

Champi. Enfant trouvé.

Champion. Combattant; petit enfant trouvé (rad. *champi*).

Chantrel. Chanteur.

Chapart. Qui s'échappe.

6

Chapelle, chapel. Chapeau.

Charlemagne. Charles le Grand.

Charles. Vaillant ; magnanime.

Charlotte. (V. Charles).

Charaire, Charreire. Voie, chemin carrossable.

Charreyron. Charretier (de *charreire*, chemin de voiture).

Chartrier, Chartier. Prisonnier.

Chevance. Richesse ; payement.

Chloé. Herbe, verdure.

Cholet. Coléreux.

Chrétien. Oint, sacré.

Christian. (V. Chrétien).

Christine. (V. Chrétien).

Chrysostome. Bouche d'or.

Clair. Illustre.

Claire, Illustre, remarquable.

Clairette. (V. Claire).

Clara. (V. Claire).

Clarisse. (V. Claire).

Clary. (V. Claire).

Claude. Boiteux.

Claudien. (V. Claude).

Clavet. Clou.

Clémence. (V. Clément).

Clément. Prêt à pardonner ; doux.

Clémentine. (V. Clément).

Cléo. Gloire.

Cléopâtre. Gloire du père.

Clerc. Instruit, savant.

Clerget. Petit clerc.

Clet. Illustre, élu.

Clodoald. (V. Clotaire).

Clotaire. Illustre.

Clotilde. Fille illustre ; faveur illustre.

Cloud. (V. Clotaire).

Colette. (V. Nicole).

Collaud. Flatteur.

Colomb. De la colombe.

Colomban. (V. Colomb).

Colombe. Colombe.

Côme. Ornement, chevelure.

Compain. Compagnon.

Conil, Conin. Lapin.

Constant. Fidèle.

Constance. Qui s'arrête, qui persiste.

Convert. Couvert (rad. *convertoire*, couverture).

Coquard, Cocard. Flatteur galantin, vieux coq.

Coquelin. Petit coq, galantin.

Coquillard. Mauvais garnement, voleur.

Cora. Jeune fille.

Coralie. (V. Cora).

Corazze. Couvert d'une cuirasse.

Corbin. Petit corbeau.

Coréard. Coureur.

Cornélie. Bavarde comme une corneille.

Corrado. Conrad (italien).

Couillard. Bélier.

Crépin. A cheveux crépus ; hérissé, difficile.

Crespin. (V. Crépin).

Crescent. Qui grandit.

Crispi. (V. Crépin).

Cristobal. Christophe (espagnol).

Cristoforo. Christophe (italien).

Cunégonde, Femme royale ; vierge brave.

Cyprien. Né à Chypre.

Cyr. Maître, seigneur.

Cyrien. (V. Cyr).

Cyrille. (V. Cyr).

Cyrin. Puissant, maître.

Czelesztin. Célestin (hongrois).

Cziezelle. Cécile (hongrois).

Damase. Qui dompte.
Damien. Aimé du peuple.
Dan. Daniel (anglais). ,
Danel. (V. Daniel).
Daul. Daniel (hongrois).
Daniel. De la tribu de Dan ; élu de Dieu.
Darifa. Dorothée (russe).
Darius. Investigateur.
Daudet. (V. Dieudonné).
David. Bien aimé.
Delphin. Fraternel ; qui nage bien ; prêtre de Bacchus.
Dénas, Diens. Denis (hongrois). .
Denis. Divin.
Déodat. Donné par Dieu.
Derzô. Désiré (hongrois).
Desiderius. Désiré (allemand, anglais).
Désiré. Attendu.
Desroi. Désordre.
Deval. Tombé.
Didier. Consacré à Dieu.
Dié. Voué à Dieu.
Dieudonné. Donné par Dieu.
Dionieii. Denis (russe).
Dionigio. Denis (italien).
Dionisio. Denis (espagnol).
Dionys. Divin ; prêtre de Bacchus. '
Disert. Eloquent, bien appris.
Dolf. Adolphe (flamand).
Domard. Habitant de la maison.
Dominique. Qui est le maître de la maison.
Donat. Doué.
Dorka. Dorothée (hongrois).
Dorothée. Don de Dieu.
Dreyfus. Trépied.
Dries. André (flamand).
Dyonisius. Denis (allemand).
Ede. Edouard (hongrois).

Edissa. Etoile cachée.
Edith. Noble.
Edme. (V. Edmond).
Edmond. Heureux.
Edouard. Gardien du bonheur.
Edwige. Guerrière heureuse.
Ekaterina. Catherine (russe).
Elbert. Albert (flamand).
Elek. Alexis (hongrois).
Eléonore. Conquérante.
Eleuthère. Qui aime la liberté.
Elias. Eloi (flamand).
Elie. Dieu fort.
Eligio. Eloi (espagnol).
Eloi. Élu ; qui a été choisi.
Emelka. Emilie (hongrois).
Emile. Doux, aimable ; obligeant.
Emilien. (V. Emile).
Emma. Protectrice, fraternelle.
Emmanuel. Dieu avec nous.
Emmanouil. Manuel (russe).
Enogat. Initié.
Eurico. Henri (italien).
Eraste. Digne d'amour.
Ermengarde. Qui protège les Germains.
Ernest. Grave, sérieux ; excellent.
Ernestine. (V. Ernest).
Erno. Ernest (hongrois).
Erzsebet. Elisabeth (hongrois).
Esteban. Etienne (espagnol).
Estelle. Etoile.
Esther. Etoile cachée.
Etelka. Adélaïde (hongrois).
Etienne. Couronné.
Eucher. Qui a de belles mains.
Eudes. Bien, domaine.
Eudoxie. Célèbre, bien réputée.

Eugène. Bien né, bien doué.
Eulalie. Qui parle bien.
Euloge. Bon discoureur.
Euphémie. De bonne renommée ; qui parle bien.
Euphrasie. Qui parle bien, plaisir, gaieté.
Eusèbe. Pieux, dévôt.
Eustase. Florissant, qui prospère.
Eutrope. Bien tourné.
Evangéline. Bonne messagère.
Evariste. Le meilleur.
Eve. Vie.
Evgenii. Eugène (russe).
Evre, Evrat. Le sanglier.
Evstakii. Eustache (russe).
Ezéchiel. Force de Dieu.
Fabien. Homme aux fèves.
Fabre. Ouvrier forgeron.
Fabrice. Ouvrier, qui fabrique.
Faguet. Petit fagot.
Fany. Françoise (hongrois).
Fanny. (V. Stéphanie).
Faure. Ouvrier en fer.
Faustin. Favorisé, de bon augure.
Fauvet, Fauvel. Brun, fauve.
Favre. (V. Fabre).
Febvre. Ouvrier en métaux.
Félicie. (V. Félix).
Félicien. Heureux.
Félicité. Bonheur, grande joie.
Félix. Heureux.
Féodor. Frédéric (russe).
Ferdinand. Homme libre.
Ferko. François (hongrois).
Fernand. Homme de guerre.
Fèvre. (V. Febvre).
Fiacre. Pur.
Fülöp. Philippe (hongrois).

Filiberto. Philibert (italien).
Filippo. Philippe (italien).
Fillot. Filleul.
Firmin. Caractère solide.
Flavien. De couleur rousse.
Flip. Philippe (flamand).
Flocquet, Floquet. Vaniteux ; qui porte des flocs ou houppes.
Flora. Fleurie.
Flore. (V. Flora).
Florent. Fleuri.
Florentin. Qui fleurit, prospère.
Foma. Thomas (russe).
Forain. Etranger.
Forban. Banni, exilé.
Forbe. Fourbe.
Forbin. (V. Forban).
Fortunat. (V. Fortuné).
Fortuné. Homme heureux.
Foy. Croyante.
Frances. Françoise (anglais).
Francesco. François (italien).
Francis. François (anglais).
Francisco. François (espagnol).
François. Libre, hardi.
Frants. François (russe).
Franz. François (allemand).
Frédéric. Qui donne la paix ; paisible.
Frumence. De froment.
Fulbert. Plein d'éclat, illustre.
Fulgence. Eclatant.
Gabor. Gabriel (hongrois).
Gabriel. Force de Dieu ; fort.
Gadonard, Gadoir, Gadaud. Vidangeur.
Gaëtan. Originaire de Gaëte.
Gaillot. Petit serviteur.
Galfard, Galfâtre. Gueux, malpropre.

Gall. Coq.

Gallard. Fainéant.

Gallois, Gallot. Gaulois.

Gambetta. Petite jambe.

Gambin, Gambu. Boiteux.

Ganne. Traître (rad. Ganelon).

Garnier. (V. Grenier).

Gast. Inculte, stérile, gâté.

Gaston. Hôte.

Gatien. Puissant.

Gaudin. Moqueur.

Gaultier. Bûcheron.

Ganthier. Celui qui retient.

Gautier. Farceur.

Gavard. Lâche, fainéant.

Gavril. Gabriel (russe).

Geertrui. Gertrude (flamand).

Gejza. Victor (hongrois).

Geneviève. Qui habite les bois.

Genoveva. Geneviève.

Genrich. Henri (russe).

Geoffroi. (V. Godefroi).

Georg. Georges (flamand).

Georges. Qui travaille la terre ; laboureur.

Gérard. Fort à la guerre.

Gergely. Grégoire (hongrois).

Germain. Sincère, de race allemande ; homme de guerre.

Germano. Germain (italien).

Gertrude. Qui protège la maison ; bien aimée.

Gervais. Respectable.

Geza. Victor (hongrois).

Giacinto. Hyacinthe (italien).

Giacomo. Jacques (italien).

Gilbert. Brillant dans le danger ; brillant compagnon.

Gioachimo. Joachim (italien).

Giorgio. Georges (italien).

Giovanni. Jean (italien).

Girolamo. Jérôme (italien).

Gullio. Jules (italien).

Giustino. Justin (italien).

Gisèle. Compagne, vassale ; qui fuit.

Gobert, Godbert. De bonne renommée.

Goblet. (V. Gobert).

Godefroi. Paix de Dieu.

Godfred. Godefroi (polonais).

Godfrey. Godefroi (anglais).

Godfried. Godefroi (flamand).

Godlief. Théophile (flamand).

Goffredo. Godefroi (italien).

Goret. Cochon.

Gottfried. Godefroi (hongrois).

Goulard. Gueulard.

Gontran. Fort à la guerre, à la lutte.

Gonzalès. Combattant.

Gothofredo. Godefroi (portugais).

Govert. Godefroi (flamand).

Gougo. Hugues (russe).

Goupil. Renard.

Graphin. Qui égratigne.

Grégoire. Vigilant.

Gregoor. Grégoire (flamand).

Grenier. Marchand de grains.

Grete. Marguerite (allemand).

Griet. Marguerite (flamand).

Grimand. D'humeur chagrine.

Grimaux. Barbouilleur de papier, écolier.

Gualbert. Forêt illustre.

Guépin, Guespin. Fin, rusé.

Gudule. Secours divin.

Guglielmo. Guillaume (italien).

Giuseppe. Joseph. (italien).

Guillaume. Qui protège volontiers.

Guntram. Gontran (allemand).

6.

Gusztl. Auguste (hongrois).
Gyœrgy. Georges (hongrois).
Gyula. Jules (hongrois).
Hamelin. Du hameau.
Hans. Jean (allemand).
Hégésippe. Qui commande les chevaux.
Hein. Henri (flamand).
Heinrich. Henri (allemand).
Hélène. Séductrice, radieuse comme le soleil.
Hélicu. Qui vient du soleil.
Héloïse. Célèbre, illustre, courageuse.
Hendrick. Henri (flamand).
Hennuyer. Du Hainaut.
Heinon. Respectueux, honorable.
Henri. Digne d'honneur, maison puissante.
Henriette. (V. Henri).
Herbert. D'auguste renommée.
Hérissé, Hérissey. Hirsute, capricieux.
Hermance. Femme guerrière.
Hermanus. Germain (flamand).
Hiérome. Jérôme (anglais).
Hiéronymus. Jérôme (flamand, allemand).
Hilaire. Joyeux, réjoui.
Hilarion. (V. Hilaire).
Hilarius. Hilaire (flamand et allemand).
Honoré. Respecté.
Honorine. (V. Honoré).
Hortense. Qui cultive ; jardinière.
Houzeau. Qui a de grandes bottes.
Hubert. Esprit brillant.
Hugo. (V. Hugues).
Hugues. Penseur, réfléchi.

Huibert. Hubert (flamand).
Huig. Hugo (flamand).
Hutin. Querelleur.
Hyacinthe. Pierre précieuse.
Iakof. Jacob (russe).
Ibrahim. (V. Abraham).
Iacint. Hyacinthe (russe).
Ida. Gracieuse.
Iéronim. Jérôme (russe).
Ignace. Inconnu.
Ilka, Ilona. Hélène (hongrois).
Imbert. Esprit brillant.
Immanuel. Emmanuel (allemand).
Inès, Inez. Agnès (espagnol et portugais).
Iphigénie. De grande naissance.
Irénée. Paisible.
Irène. Paisible, tranquille.
Irma. De race germaine.
Isaac. Qui rit.
Isabelle. Serment de Dieu.
Istvan. Étienne (hongrois).
Iudif. Judith (russe).
Isidore. Présent d'Isis.
Iulian. Julien (russe).
Ivan. Jean (russe).
Ivan-Christiel. Jean-Baptiste (russe).
Ivone. Yves (italien).
Jacek ou **Jaciaw.** Hyacinthe (polonais).
Jacob. Qui supplante.
Jakob. Jacques (polonais).
Jacqueline. (V. Jacques).
Jacques. Qui supplante.
Jacquier, Jaquier. Homme grossier.
Jaczintken. Hyacinthe (hongrois).
Jan. Jean (flamand, polonais).

Janos, Janko. Jean (hongrois).

Janvier. L'homme de la porte.

Jarrige. Terre inculte.

Jean. Rempli de grâce.

Jeanne. (V. Jean).

Jeannie. (V. Jeanne).

Jenny. Autre forme de Jeanne.

Jeannine. (V. Jeanne).

Jérémie. Prophète.

Jerne. Irénée (hongrois).

Jérôme. Nom sacré.

Jeroon. Jérôme (flamand).

Jerzy. Georges (polonais).

Joachem. Joachim (flamand).

Joachim. Préparé par le Seigneur.

Johann. Jean (allemand).

Johannes. Jean (flamand).

John, Johnny. Jean (anglais).

Joris. Georges (flamand).

Josaphat. Jugement de Dieu.

Joseph. Augmentation.

Jouvenet. Jeune.

Joyeux. Fou.

Jude. Loué.

Judith. Qui loue, qui se config.

Jules. Adolescent ; de juillet.

Jubé. (V. Jules).

Juliette. Dim. de Julie.

Justin. Juste, équitable.

Kaatje. Catherine (flamand).

Kaïetan. Gaëtan (russe).

Kajtar. Gaëtan (hongrois).

Karel. Charles (flamand).

Karol. Charles (polonais).

Karl. (V. Charles).

Kelemen. Clémence (hongrois).

Kiprian. Cyprien (russe).

Klaartje. Claire (flamand).

Klaasje. Nicolas (flamand).

Klavdii. Claude, (russe).

Koën. Conrad (allemand).

Koloss. Claude (hongrois).

Kondratii. Conrad (russe).

Konrad, Kurz. Conrad (allemand).

Kozmer. Casimir (hongrois).

Kœroly. Charles (hongrois).

Ksawery. Xavier (russe).

Lachèse. La maison, le manoir.

Ladislas. Pouvoir glorieux.

Lætitia. Joie, gaieté, félicité.

Laisant. Paresseux.

Lambert. Puissant dans le pays.

Landry. Riche du pays.

Laure. Laurier, couronne, palme ; aidé de Dieu.

Laurence. (V. Laure).

Laurent. Couronné, palmé.

Laurienne. (V. Laure).

Lavrentii. Laurent (russe).

Laurence. Laurent (anglais).

Lazare. Aidé de Dieu.

Léa. Lionne.

Léandre. Homme calme.

Leentje. Hélène, (flamand).

Lef. Léon (russe).

Lefebvre, Lefèvre. (V. Febvre).

Léger. Homme doux, faible.

Lemerre. Le premier, le plus grand.

Léon. Lion.

Léonce. Courageux comme le lion.

Léonard. Vaillant comme un lion.

Léonie. (V. Léon).

Léonide. (V. Léon) ; née d'un lion.

Léontine. Petite lionne.

Léopold. Intrépide comme le lion.

Lequeux. Le cuisinier.
Letort. Bossu, tordu.
Leu. Loup.
Lewis. Louis (anglais).
Lisbeth. Serment de Dieu.
Lise. (V. Louis).
Littré. Lettré, savant.
Lodewijk. Louis (flamand).
Lodoïska. Louis (polonais).
Lorinez. Laurent (hongrois).
Louis. Illustre, fier, célèbre ; homme brave.
Louison. (V. Louis).
Loukian. Lucien (russe).
Loutsia. Lucie (russe.)
Lubin. Petit loup.
Luc. Lumineux.
Lucas. (V. Luc).
Lucijan. Lucien (polonais).
Lucie. Lumière, éclat.
Lucile. (V. Lucie).
Ludovico. Louis (italien).
Ludwig. Louis (allemand).
Luigi. Louis (italien).
Luis. Louis (espagnol).
Lydie. De la Lydie.
Maaltje. Amélie (flamand).
Macaire. Heureux.
Madeleine, Magdeleine. De Magdala.
Madge. Marguerite (anglais).
Magloire. Contraction de *Ma* et *gloire*.
Maiguen, Magnien, Meignien. Chaudronnier ambulant.
Mainguet. Mangeur ; qui a grand appétit.
Maksim. Maxime (russe).
Malgorzata. Marguerite (flamand).
Malteste, Malatesta. Mauvaise tête.
Malvoisin, Mauvoisin. Mauvais voisin.
Mamert. (V. Martial).

Mansuet. Doux, bienveillant.
Mano. Emmanuel (hongrois).
Manuel. (V. Emmanuel).
Manus. Germain (flamand).
Marc. Né en mars.
Marcel. Né en mars, vaillant.
Marcellin. (V. Marcel).
Marcienne. (V. Marc).
Maresa. Maria (hongrois).
Marczi. Martin (hongrois).
Maréchal. Chef de cavaliers.
Marfa. Marthe (russe).
Markus. Marc en flamand.
Margaretha. Marguerite (flamand et allemand).
Marianne. Contraction de *Marie* et *Anne*, signifiant élevée, gracieuse.
Marie, Maria. Elevée ; amertume des jours.
Mariette. Diminutif de Marie.
Margot. Dérivé de Marguerite.
Marguerite. Perle.
Marin. De la mer.
Marius. De la mer (V. Marie).
Marthe. Provocante.
Martial. Guerrier.
Martin. Guerrier (rad. *Mars*).
Martinet. Jeune guerrier.
Martselli. Marcel (russe).
Massimû. Maxime (italien).
Massias. (V. Mathias).
Maté. Mathieu (hongrois).
Matfeï. Mathieu (russe).
Matheuzy. Mathieu (polonais).
Mathias. (V. Mathieu).
Mathieu. Qui est donné ; don du Seigneur.
Mathilde. (V. Mathieu).
Mathurin. Exalté, qui a de l'entrain.
Matteo. Mathieu (italien).
Mattew. Mathieu (anglais).
Matthœus. Mathieu (allemand).

Matthys. Mathieu (flamand).
Mauclerc. Ignorant.
Maur. Noir.
Maurice. (V. Maur).
Maurits. Maurice (flamand).
Mavrikii. Maurice (russe).
Maxime. Le plus grand.
Maximilien. Très grand.
Maximin. (V. Maxime).
Mayeur. Maire, major.
Mazean. Lépreux (de *mézel*).
Médard. Médecin.
Médéric. Joyeux.
Mélanie. Brune, noire.
Ménard. Robuste, aguerri.
Mesmin. Le plus grand.
Michail. Michel (russe).
Michel. Semblable à Dieu.
Mietje. Marie (flamand).
Myntje. Wilhelmine (flamand).
Micaele. Michel (italien).
Mikaël. (V. Michel).
Mikolaj. Nicolas (polonais).
Miksa. Maximilien (hongrois).
Mirande. Belvédère.
Miraud. Qui a de jolis yeux.
Miska, Mihaly. Michel (hongrois).
Miklos. Nicolas (hongrois).
Mistre. Bourreau.
Modeste. Modéré, qui n'est pas vaniteux.
Mœrten. Martin (allemand).
Mollard. Mou, peu énergique.
Monique. Seule, veuve, abandonnée.
Monnoyer. Fabricant de monnaie.
Montorier. Montagne d'or.
Morand. Qui retarde.
Moreau. Noir.
Morel. Brun, noir.
Morgan. Orgueilleux.
Morris. Brun, noir.
Musset. Qui demeure.

Naatje. Anne (flamand).
Nachet, Nachon. Qui a du flair.
Naezi. Ignace (hongrois).
Nancy, Nenny. (V. Anna), dont ces mots sont les variantes.
Nanine. Diminutif d'Anne, Anna.
Naquet. Laquais, goujat.
Narcisse. Assoupi.
Nartsiz. Narcisse (russe).
Natalie. Qui préside à la naissance.
Neiret, Neiron, Neyron. Noir, nègre.
Nelly. Diminutif d'Hélène.
Nestor. De race noire.
Nicaise. Triomphateur.
Nicanor. Vainqueur.
Nice, Nicot. Joli, naïf.
Nick. Nicolas (anglais).
Nicolas. Victorieux.
Nicole. Victoire du peuple.
Nicostrate. Qui bat les armées.
Nikolaï. Nicolas (russe).
Nivet. Neigeux, neigé.
Noblet. Petit noble.
Noblet. Homme noble, petit noble.
Noé. Beau, radieux.
Noémi. Belle, radieuse.
Noiset. Noizet. Querelleur.
Norbert. Eclat du Nord.
Nourrit. Nourricier.
Ocip. Joseph (russe).
Octave. Huitième.
Œden. Edmond (hongrois).
Olivier. De l'olivier, paisible.
Olympe. Elevée, brillante, divine.
Omer. Parleur.
Onésime. Secourable.
Onorii. Honoré (russe).
Opportune. Utile, secourable.

Optat. Qui est choisi.
Orban. Urbain (hongrois).
Orsola. Ursule (italien).
Orsolya. Ursule (hongrois).
Othon. Riche, qui a des terres.
Oudin. Parfumé, parfumeur.
Oustion. Justin (russe).
Pablo. Paul (espagnol).
Pacan, Pacot, Pacaud. Paysan.
Paillard. Débauché, vicieux.
Pal, Pali. Paul (hongrois).
Palma, Paméla. Palme, palmier; souveraine.
Pancrace. Vainqueur de tout.
Pantaléon. Très miséricordieux.
Paolo. Paul (italien).
Papelier, Papelard. Hypocrite, faux dévôt.
Paré. Prêt, préparé.
Parfait. Accompli.
Paris. Egal, semblable.
Pascal. Du temps de Pâques; passager.
Pascual. Pascal (espagnol).
Pasquale. Pascal (italien).
Patelin. Fourbe.
Patrice. Patricien, paternel, père.
Paul. Petit, repos.
Pavel. Paul (russe).
Pawel. Paul (polonais).
Payan. Paysan.
Péan. Passager, qui paie péage.
Pélagie. Qui vient de la mer.
Pellerin, Pellegrin. Voyageur, étranger.
Perpétue. Durable, éternelle.
Perrine. (V. Pétronille).
Pertuisot, Pertusot. Perceur.
Péter. (V. Pierre).

Pétronille. Pierre, rocher.
Philibert. Brillant dans les batailles.
Philippe. Qui aime les chevaux.
Philogone. Qui aime sa race; Qui aime les petits coins (*gônia*).
Philomèle. Qui aime le chant.
Philomène. Qui aime le courage; aimable.
Pichon. Petit enfant.
Pie. Pieux, dévôt.
Pierre. Pierre, rocher.
Piet, Pieter. Pierre (flamand).
Piotr. Pierre (polonais).
Placide. Tranquille.
Polycarpe. Fructueux.
Polyeucte. Très désirable.
Porceret. Petit porc.
Porcher. Gardeur de porcs.
Porphyre. Rouge, étincelant.
Pothin. Désirable.
Poulchéria. Pulchérie (russe).
Poupart, Poupin. Mignon.
Pouw. Paul (flamand).
Prétextat. Adulte, vêtu de la robe prétexte.
Priscien. Antique.
Privé, Privat. Particulier.
Probe. Honnête.
Prosper. Heureux.
Protais. Premier.
Prudence. (V. Prudent).
Prudent. Circonspect.
Prudhomme. Homme sage, réfléchi.
Pulchérie. Très belle.
Quentin. Cinquième.
Quirin. Lancier.
Rabi, Raby. Enragé.
Rachel. Brebis.
Radegonde. Femme de conseil.

Rajnald. Renaud (hongrois).
Raoul. Conseiller.
Raymond. Donneur de conseils.
Rébecca. Obèse, qui a de l'embonpoint.
Récamier. Tisseur, brodeur.
Reichard. Richard (allemand).
Reine. Reine.
Reinhardt. Renaud (allemand).
Reinier, Reindert. Renaud (flamand).
Renat. René (flamand).
Renato. René (italien).
Renatus. René (flamand).
René. Qui a reçu une nouvelle vie, une nouvelle naissance.
Remi. Qui rame.
Remigius. René (flamand).
Reynold. René (russe).
Ribard, Ribaud, Ribot. Homme de mauvaise vie.
Riccardo. Richard (italien).
Richard. Très courageux.
Rigobert. (V. Robert).
Rijckert. Richard (flamand).
Rinaldo. Renaud (italien).
Robert. Brillant orateur; de glorieuse renommée.
Roch. (V. Roger).
Rochus. Roch (flamand).
Rodolphe. (V. Raoul).
Roger. Prié, supplié.
Romain. Fort ; de Rome.
Romaric. Fort.
Romuald . De renommée ancienne.
Rosalie. Semblable à la rose ou à la rosée.
Rosine. Petite rose.
Rouard, Rouart. Bourreau, qui roue.
Rousseau, Roussel, Rousselet. Roux.

Rousset. Roux.
Rouvier, Rouvieux. Galeux.
Royer. Charron ; voisin.
Ruediger. Roger (allemand).
Rufin. Roux.
Rugiero. Roger (italien).
Ruprecht. Robert (allemand).
Rustique. Champêtre.
Sabas. Qui boit trop ; ivrogne.
Sabin. Qui révère les dieux; ivre.
Samuel. Ecouté de Dieu.
Sandor. Alexandre (hongrois).
Sarah. Maîtresse, princesse.
Sari, Sarolta. Caroline (hongrois).
Sapience. Sagesse.
Saturnin. De Saturne ; de la terre, du temps.
Saussier, Saulcier. Officier de cuisine.
Saverio. Xavier (italien).
Savinien. (V. Sabin).
Scolastique. Savante, studieuse.
Sébastien. Respectueux, respectable.
Septime. Septième.
Séraphin. Embrassé, enflammé.
Serestely. Sylvestre (hongrois).
Serge. De la gens ou famille Sergia.
Sergeï. Serge (russe).
Sergiusz. Serge (polonais).
Servais. Esclave, serviteur.
Sevastian. Sébastien (russe).
Sévère. Sévère, rigoureux.
Séverin. (V. Sévère).
Sidoine. Enchanteur, originaire de Sidon.
Siméon. Qui a été exaucé.
Simplice. Simple, naïf.

Simon. Qui obéit ; qui a été exaucé.

Sixte. (Sixième).

Socrate. Force et raison.

Solange. Unique.

Solard. Qui aime le plaisir (rad. v. fr. *Solas*, réjouissance).

Sommier. Bête de somme.

Sophie. Sage, prudente.

Sosthène. Conservateur de la force.

Stanislas. Gloire de l'Etat.

Steffen. Etienne (allemand).

Stepan. Etienne (russe).

Stepanida. Stéphanie (russe).

Stéphane. Couronné.

Stephen. Etienne (anglais).

Steven. Etienne (flamand).

Sulpice. Secourable.

Suzanne. Lis, fleur brillante, joie.

Suzon, Suzette. Diminutifs de Suzanne (V. ce mot).

Sylvain. Sauvage, originaire des forêts.

Sylvère. (V. Sylvain).

Sylvestre. (V. Sylvain).

Sylvie. (V. Sylvain).

Symphorien. Utile, avantageux.

Szczesny. Félix (polonais).

Szeral. Séraphin (hongrois).

Szilar. Constantin (hongrois).

Tamas. Thomas (hongrois).

Taraque. Qui ensevelit.

Télesphore. Qui accomplit ; qui porte au loin.

Teofilo. Théophile (espagnol).

Terka. Thérèse (hongrois).

Terrier. Qui possède des terres, seigneur terrien.

Teston. Coiffeur.

Théodore. Présent, don de Dieu.

Théodoric (V. Thierry).

Théodule. Serviteur de Dieu.

Théolier. Attaché à Dieu.

Théophile. Ami de Dieu.

Théotime. Qui vénère Dieu.

Thérèse. Farouche.

Thierry. Chef puissant.

Thimothée. Qui vénère Dieu.

Thomas. Jumeau.

Tiburce. De Tibur (près de Rome).

Tiennette. (V. Etienne).

Timoléon. Qui a le courage du lion.

Tite. Honorable.

Tofor. Théophile (hongrois).

Tom, Tommy. Thomas (anglais).

Tommaso. Thomas (italien).

Toon, Antoon. Antoine (flamand).

Trinquier, Trinquet. Buveur.

Truffier. Bavard.

Truitje. Gertrude (flamand).

Tsetsilia. Cécile (russe).

Tselestin. Célestin (russe).

Udalrico. Ulrich (italien).

Ulrich. Heureux.

Urbain. De la ville.

Ursule. Petite ourse.

Valentin. Fort, bien portant.

Valère. (V. Valérie).

Valéric. Très forte.

Valérien. Vaillant, fort, puissant.

Varfoloméi. Barthélemy (russe).

Varvara. Barbe (russe).

Vasilii. Basile (russe).

Vasseur. Vassal.

Vavasseur. Vassal.

Vazul. Basile (hongrois).

Vénédict. Benoît (russe).

Veniamin. Benjamin (russe).

Vergoin. Honteux.

Vérin, Véron. Corrompu par les vers.

Véronka. Nom hongrois de Véronique.

Véronique. Image sacrée de Jésus-Christ; véritable image.

Vicente. Vincent (espagnol).

Vicenzo. Vincent (italien).

Victoire. (V. Victor).

Victor. Triomphant.

Vidor. Hilaire (hongrois).

Vilgem. Guillaume (russe).

Vilgelmina. Wilhelmine, fém. de Guillaume (russe).

Vili, Vilmos. Guillaume (hongrois).

Vilma. Wilhelmine (hongrois).

Vin. Vincent (anglais).

Vincent. Qui sait se maîtriser.

Vincze. Vincent (hongrois).

Virgile. Vierge.

Virginie. Vierge, chaste.

Vital. Qui donne la vie.

Walter. (V. Gauthier).

Wawrzyniec. Laurent (polonais).

Wenceslas. Couronné de gloire.

Wilfrid. Ami de la paix.

Wilhelm. Guillaume (allemand).

William. Guillaume (anglais).

Wojciech. Albert (polonais).

Xavier. Brillant.

Yégor. Georges (russe).

Yves. Actif, vigilant.

Yvo. Yves (allemand).

Yvonne. Remplie de grâce.

Zacharie. Dont le Seigneur se souvient.

Zéphirine. De zéphyr, qui apporte la vie.

Zoé. Vie, existence.

MAGICIENS, CHIROMANCIENS, DEVINS,

ALCHIMISTES, ETC.

Aaron. Magicien du Bas-Empire, qui vivait au temps de l'empereur Manuel Comnène.

Aban (Pierre d'). Astrologue, médecin et alchimiste italien (1246-1320).

Abaris. Scythe, grand-père d'Apollon.

Abas. Devin de Lysandre, général spartiate, quand il défit les Athéniens à Ægos-Potamos.

Agrippa de Vettesheim. Médecin et alchimiste allemand (1486-1535).

Aben-Ragel. Arabe.

Abou-Ryhan. Arabe.

Accius-Navius. Augure du temps de Tarquin l'Ancien.

Achmet. Devin arabe.

Albert-le-Grand. Philosophe et théologien allemand. Ses connaissances étendues le firent considérer comme sorcier (1193-1280).

Akiba. Rabbin.

Albumazar. Astrologue du IXᵉ siècle.

Alcandre. Devin, fils de Munichus, lequel était lui-même fils de Dryas, célèbre devin changé en oiseau.

Allan Kardec (Hippolyte Révoil, dit). Écrivain spirite français, né à Lyon en 1803, mort en 1869, contribua à répandre les croyances et les pratiques du spiritisme.

Airuy-David. Juif.

Amalaric. XVIᵉ siècle.

Almathée. Nom de la sibylle de Cumes, qui apporta à Tarquin les neuf livres de prédictions sur les destins de Rome.

Amphiaraüs. Le plus célèbre devin de la Grèce antique.

Anselme de Parme. Astrologue, mourut en 1440.

Ansuperomin. XVIᵉ siècle.

Aristée. Charlatan qui vivait au temps de Crésus.

Arnaud de Villeneuve. Alchimiste, astrologue français, mort en 1314.

Arnuphis. Sorcier égyptien.

Arous. Devin célèbre, tué à Naupacte, par Hyppotès, petit-fils d'Hercule.

Arphaxat. Sorcier perse.

Arthémis, Artémis. La sibylle delphique.

Asclétarion. Romain.

Ashmole (Elie). Anglais, né en 1617.

Astyle. Devin qui se sauva avec Nessus au combat des Lapithes et des Centaures.

Athénaïs. Sibylle qui prédisait, au temps d'Alexandre.

Aupetit. Français, mort en 1598.

Averroës. Arabe, médecin et philosophe, s'occupa de magie et d'alchimie et laissa le *Kitab-el-Kulliyyat* ou *Livre de tous* (1120-1198).

Avicenne. Médecin arabe. On lui attribue un grand nombre d'ouvrages d'alchimie (980-1037).

Bacis. Célèbre devin de Béotie.

Bagoé. Femme qui apprit aux Toscans l'art de la divination.

Basile Valentin. Alchimiste allemand, découvrit l'antimoine en recherchant la pierre philosophale et s'empoisonna avec ce produit, d'où le nom donné à ce corps par les moines de son couvent (commencement du xve siècle).

Bassantin (Jacques). Astrologue écossais, xvie siècle.

Bavan (Madeleine). Sorcière, xviie siècle.

Béléphantès. Vivait au temps d'Alexandre-le-Grand.

Bérande. Sorcière qui fut brûlée en 1577.

Bernard-le-Trévisau. Alch. italien, né en 1406.

Berson. Visionnaire qui vivait à la cour d'Henri III.

Bobin (Nicolas). Sorcier, xvie siècle.

Bodin (Jean). Français, mort en 1596.

Bonati. Astrologue florentin, xiiie siècle.

Borri. Alchimiste, né à Milan (1627).

Bourignon. Visionnaire français (1616-1680).

Bracesco. Alchimiste italien xvie siècle.

Bragadini. Alchimiste italien xvie siècle.

Bruhesen (Pierre van). Astr. flamand, mort en 1571.

Cagliostro (Joseph Balsamo). Célèbre charlatan italien; obtint une grande réputation en évoquant les morts et en promettant la fortune et l'immortalité (1743-1795).

Calchas. Fameux devin de l'antiquité.

Calenus - Olenus. Le plus fameux devin de l'Etrurie.

Campetti. Hydroscope tyrolien, xviiie siècle.

Canidia. Magicienne.

Carmenta. Devineresse d'Italie qui rendait ses oracles en vers.

Catho Angelo. Astrologue du xve siècle.

Cecco d'Ascoli. Astr. italien, xiiie siècle.

César. Astr. sous Henri IV.

Chassen. Sorcier hollandais, xviie siècle.

Choréas. Devin et prêtre de Cybèle, tué par Turnus.

Chorropique (Marie). Sorcière bordelaise du temps de Henri IV.

Circé. Magicienne de l'antiquité.

Coclès. Chiromancien du XVIᵉ siècle.

Coirières. Sorcier du XVIᵉ siècle.

Coley. Astrol. anglais, mort en 1690.

Colleman. Astr. français qui vivait au temps de Louis XII.

Damalas. Professeur de théologie à l'Université d'Athènes, connu en Europe par ses ouvrages théologiques. Il expliquait un jour l'Apocalypse à ses élèves. Arrivé à un certain endroit : « Ce passage, dit-il, prédit qu'en 1897 il y aura une lutte entre la Grèce et la Turquie, qui provoquera une guerre européenne. La Grèce sortira victorieuse de cette épreuve. » A cette époque-là, on ne prêta naturellement aucune attention à cette prophétie, qui fut oubliée depuis, son auteur étant mort en 1893 ; les événements de Crète, en février 1897, ont paru confirmer la prophétie de Damalas.

Danis. Sorcier, XVIIIᵉ siècle.

Démophile. La septième des sibylles de Cumes, celle qui apporta à Tarquin l'Ancien les livres sibyllins.

Denis Anjorrand. Astrologue, XIVᵉ siècle.

Denis de Vincennes. Astrologue, XIVᵉ siècle.

Desbarolles. Chiromancien français (1801-1886).

Devaux. Sorcier, XVIᵉ siècle.

Dyonito dal Bergo. Astrologue italien, XIIIᵉ siècle.

Eléazar. Magicien juif.

Eléphas Lévi (Alph.-Louis-Constant, dit). Fut d'abord prêtre, puis épousa Mᵈᵉ Cadiot, connue sous le nom de Claude Vignon. Il s'adonna à la magie et à la Kabbale et publia un grand nombre d'ouvrages sur les sciences occultes (1816-1875).

Emonus. Augure tué par Achille au siège de Troie.

Eperaste. Fameux devin qui eut une statue à Olympie.

Eurydamas. Célèbre devin, père d'Abas.

Fadre, Fatœ. Devineresse gauloise que l'on croit être la première fée.

Fioravanti. Alch., XVIᵉ siècle.

Flamel (Nicolas). Alchimiste, XIVᵉ siècle.

Geber. Arabe, alchim. de la fin du VIIᵉ siècle.

Harvilliers (Jeanne). Sorcière, XVIᵉ siècle.

Hellespontica. Sibylle phrygienne.

Hérophile. Sibylle qui prédit à Hécube, enceinte de Pâris, les malheurs que causerait l'enfant qu'elle portait.

Holzhauser. Visionn. allemand, né en 1615.

Jean de Meuny. Astrol., XIVᵉ siècle.

Jean de Milan. Astrologue, XVᵉ siècle.

Jeanne Southcott. Visionn. anglaise, XVIIIᵉ siècle.

Kircher. Jésuite allemand, né en 1602, mort en 1680. L'étendue de son savoir le fit considérer comme sorcier.

Kuhlmann. Visionnaire du XVIIe siècle.

Labadie. Visionn., XVIIe s.

Laensbergh (Mathieu). Astr. liégois du XVIIe siècle.

Ledoux (Mlle). Cartomancienne, XIXe siècle.

Lemia. Sorcière d'Athènes.

Lenormant (Mlle). Célèbre cartomancienne française, morte en 1843.

Lilly. Astr. anglais, XVIIe siècle.

Ludlam. Magicienne anglaise.

Macho-Hallo. Astr. arabe, VIIIe siècle.

Mambrès. Magicien de l'Égypte antique, qui sut imiter les miracles de Moïse.

Manto. Célèbre devineresse de Thèbes.

Marcius. Devin qui prédit la défaite de Cannes.

Martinez de Pasqualis. Mystique du XVIIIe siècle, qui fut le maître de Saint-Martin.

Merlin, dit **Merlin l'Enchanteur**. Nom donné à deux devins légendaires, qui vivaient dans la Grande-Bretagne au Ve et au VIe siècles avant Jésus-Christ.

Michel de Sahourspe. Sorcier saxon.

Michel l'Écossais. Astr., XVIe siècle.

Moreau. Chiromancien, XIXe siècle.

Morin (Simon). Visionn., 1623-1663.

Muller (Jean). Astrol. allem., 1436-1476.

Mycalé. Célèbre magicienne, mère des Lapithes Drotéas et Orion.

Nostradamus. Astr. français, 1503-1566.

Nypho. Sorcier italien.

Obereit. Alchimiste suisse, 1725-1798.

Olive. Sorcier français, mort en 1556.

Paracelse. Médecin et alchimiste suisse. Il étudia la nature avec méthode et intelligence, malgré quelques rêveries qui le firent passer pour alchimiste. Il mourut à Salzbourg (probablement assassiné), 1493-1541.

Oresme. Astrologue du XIVe siècle.

Périmède. Célèbre magicienne de l'antiquité.

Picatrix. Charlatan arabe, XIIIe siècle.

Pierre d'Apone. Magicien et astrologue italien, né en 1250.

Pierre le Brabançon. Charlatan flamand.

Polygide. Devin célèbre dans l'antiquité.

Polyphidée. Le plus fameux devin de la Grèce après Amphiaraüs.

Porphyre. Visionn. grec du IIIe siècle.

Porto. Physicien et magicien italien, né en 1550.

Postel. Visionn. français du XVIe siècle.

Raiz. Maréchal de France, alchimiste du XVe siècle.

Raymond-Lulle. 1235-1315, franciscain, né à Majorque, fut condamné par le pape comme illuminé ou fou, entreprit de convertir les musulmans et fut lapidé par les habitants de Bougie.

Rhamnès. Augure du camp des Rutules, tué par Nisus.

Rivière. Empirique et astrol. français du XVIe siècle.

Robert. Sorcier français, xiv° siècle.

Roger Bacon. Moine anglais, surnommé le *docteur admirable*. Ses ennemis l'accusèrent de magie, xiii° siècle.

Ruggieri. Sorcier florentin, xvi° siècle.

Saint-Martin. Illuminé, disciple de Martinez de Pasquallis. Créateur du système du *Spiritisme pur* (1743-1803).

Saint-Germain (comte de). Français, visionnaire mystique, xviii° siècle.

Sambéthou. La sibylle chaldéenne.

Simon le Magicien. Romain, vécut pendant le règne de Néron.

Souchate (Johanna). Sorcière anglaise, 1750-1814.

Staduis. Chiromancien du temps de Henri III.

Stoffler. Astrol. allemand, xv° siècle.

Swedenborg. Visionn. suédois, xviii° siècle.

Tiresias. L'un des plus célèbres devins de l'antiquité.

Tisamène. Célèbre devin de Sparte.

Tisis. Habile devin tué par les Lacédémoniens.

Verdun. Sorcier français, xvi° siècle.

Vidal de la Porte. Sorcier, xvi° siècle.

Villiers (Florent de). Célèbre astrologue français qui vivait au xv° siècle.

Voisin (la). Chiromancienne et empoisonneuse du temps de Louis XIV.

Winlmeroz. Sorcier franc-comtois, vivait vers 1600.

Zoroastre. Le premier des magiciens orientaux.

DICTIONNAIRE

SOCIÉTÉS SECRÈTES

Philosophiques, Politiques, Maçonniques, etc.

Abaque n. m. Bâton mystique que portait le grand maître des Templiers.

Acacia symbolique. Emblème de la franc-maçonnerie. L'expression: *l'acacia m'est connu,* indique que celui qui l'emploie a le grade de maître.

Acclamation. Mots dont les francs - maçons accompagnent leurs batteries. L'acclamation du grade d'apprenti est : *Liberté, Égalité, Fraternité.*

Adelphe n. m. Premier grade de la maçonnerie palladique. Membre ou frère de l'hétairie grecque qui était au premier degré de l'affiliation.

Adepte n. m. Celui qui est admis aux secrets d'une science, d'une secte, etc.

Adeptes réunis. Membres de l'association *l'Italie réunie,* qui étaient au degré inférieur.

Adhonhiramite adj. Se dit

AFF

des francs-maçons qui reconnaissent Adhonhiram comme chef des ouvriers que Salomon employa à la construction de son temple.

Adoption n. f. Cérémonie par laquelle une loge maçonnique adopte solennellement les lowtons ou louveteaux, ou enfants de francs-maçons.

Adoption (Maçonnerie d') n. f. Maçonnerie des dames, créée en 1830.

Affidé n. m. Membre d'une société secrète.

Affiliation n. f. Action de s'associer à une société. La somme que l'on verse préalablement pour avoir le droit d'en faire partie. Acte par lequel un franc-maçon se fait recevoir dans une loge autre que sa loge mère. Echange de garants d'amitié entre deux loges.

Affiliés n. m. Titre donné par les compagnons menuisiers

7.

ou gavots aux novices qui n'étaient pas encore admis aux grades de compagnons reçus, initiés ou finis.

Agapes n. f. Banquets ordinaires maçonniques.

Agape n. f. Banquet (maç. d'adoption).

Age n. m. L'âge d'un maçon est variable avec chaque grade : ainsi l'apprenti a 3 ans, le compagnon 5 ans, le maître 7 ans et plus.

Agent révolutionnaire n. m. Chef d'un groupe de quatre *Saisons*, dans la société politique des Saisons, qui était toujours membre d'un comité mystérieux.

Agent révolutionnaire n. m. Chef d'un quartier de la société des Familles.

Aide-toi le Ciel t'aidera. Société politique fondée sous la Restauration, et qui comptait parmi ses membres les chefs des libéraux : Guizot, Barthe, Lafayette, Laffitte, etc.

Aïssaouas n. m. Disciples du marabout Aïssa, qui promit que les frères *Kouan* qui lui « prendraient sa rose », c'est-à-dire suivraient sa doctrine, demeureraient invulnérables. Cette doctrine les exalte tellement qu'ils défient la malignité des démons et se font des blessures de toute sorte sans manifester la moindre souffrance.

Alétophilote n. m. Ami de la vérité, 8e grade des architectes d'Afrique.

Aligner v. Mettre les verres *chargés* sur une même ligne, marquée par un ruban bleu (Vocabulaire de table).

Amants du Plaisir n. m. (V. Phylochoréites).

Amazones n. f. Ordre androgyne fondé aux États-Unis en 1740, et qui n'eut pas de succès.

Amis du Peuple n. m. Société politique qui tint ses réunions au manège Peltier, avant la Révolution de juin 1848, et qui entretenait des relations avec les sociétés similaires des départements.

Anciens ou **Secrets** n. m. Académie maçonnique fondée à Varsovie.

Androgyne (Société) n. f. Société comprenant des ordres des deux sexes, tels que l'ordre de Fontevrault, les Chevaliers de Saint-Jean de Jérusalem, les fendeurs et fendeuses, etc.

Année n. f. Groupe de quatre *Saisons*, dans la société politique des Saisons.

Anora (Chevaliers et Chevalières de l') Ordre androgyne fondé en 1745.

Appartement (Troisième) n. m. (V. Chambre du milieu).

Appel du tour de France n. m. Appel adressé, à toute l'association, par une société compagnonnique qui avait à résoudre quelque difficulté ou à trancher quelque question d'intérêt avec l'ensemble de la fédération.

Apprenti n. m. 1er grade symbolique dans la franc-maçonnerie.

Apprenti parfait Architecte n. m. 25e degré du rite de Misraïm.

Arche n. m. Pouvoir mystérieux dont les fondateurs de l'hétairie grecque so disaient les instruments politiques.

Architectes d'Afrique n. m. Rite maçonnique fondé en 1767.

Architecture n. f. 24e degré du rite de Misraïm.

Architecture des Souverains Commandeurs du Temple m. 44e degré du rite de Misraïm.

Aréopage n. m. Loge de kadoschs.

Aréopagites n. m. Les douze premiers disciples de Weishaupt, chef de la secte des illuminés, et qui seuls devaient le connaître personnellement et discuter avec lui les maximes et la politique de l'ordre.

Armiger n. m. 9e grade des architectes d'Afrique.

Arminia n. f. Société qui prit une part active au relèvement de l'Allemagne après Iéna.

Assanite n. m. (V. Assassins).

Assassins n. m. Association mystérieuse fondée en Asie, au xie siècle, par le Vieux de la Montagne, et qui paraît être une secte détachée des ismaïliens, branche de la religion musulmane.

Aspirants n. m. Nom des novices chez les menuisiers du devoir appelés aussi dévoirants ou dévorants.

Association des Ecoles n. f. Association fondée vers 1830 par Lhéritier et Marc Dufraisse, et qui demandait la destruction de l'Université, telle que l'avait faite la Restauration.

Associés n. m. Membres de l'association politique l'Italie réunie.

Astre n. m. Chandelle (maç. scandinave).

Atelier n. m. Réunion de francs-maçons.

Atelier n. m. Table (maç. d'adoption).

Atelier n. m. (V. Temple).

Attouchement n. m. Manière de se toucher la main à laquelle les francs-maçons reconnaissent, non seulement leur qualité, mais leur grade maçonnique.

Aubier n. m. Nom donné aux profanes dans les chantiers de fendeurs.

Auges n. f. Plats (maç. d'adoption).

Aumônier n. m. Nom donné quelquefois au frère hospitalier dans le rite écossais.

Aurore boréale n. f. Voûte du temple dans la maçonnerie scandinave.

Autel n. m. Table devant laquelle prend place le vénérable d'une loge maçonnique et sur laquelle sont posés les emblèmes de l'ordre, les statuts généraux, etc.

Autel n. m. Table, dans les banquets des souverains-princes roses-croix.

Autel des Serments n. m. Petite table triangulaire sur laquelle se posent les emblèmes maçonniques, dans les loges du rite écossais.

Avantages n. m. Hommages rendus et serments prêtés au début de chaque séance des carbonari. « *A l'avantage !* » était le cri que poussaient les charbonniers pour appeler les bons cousins compagnons à leur secours.

B

Babel. Confusion ; mot de passe du grade de maîtresse, dans la maçonnerie d'adoption.

Bailli-Conventuel ou **Pilier** n. m. Chef d'une langue de l'ordre de Malte.

Bailliage n. m. Subdivision d'une langue de l'ordre de Malte.

Bailli-Prieur ou **Commandeur** n. m. Chef d'une maison de l'ordre des Templiers.

Bakkaya. Confrérie secrète musulmane, dont le siège est à Tombouctou.

Bande noire n. f. Association secrète formée en 1883 à Montceau-les-Mines, et qui commit plusieurs attentats à l'aide d'explosifs contre des églises ou les maisons des ingénieurs ou surveillants de la compagnie houillère, pour se venger de l'oppression cléricale et capitaliste.

Baphomet n. f. Figure à deux têtes , de caractère mystérieux, trouvée dans les commanderies des Templiers et qui, suivant les uns est une image de Mahomet , suivant d'autres viendrait des cultes orientaux.

Baptême maçonnique n. m. Cérémonie symbolique par laquelle les loges procèdent à l'adoption des enfants de francs-maçons. Ceux qui ont été ainsi adoptés portent le nom de *lowtons* ou *louveteaux.*

Barrache. Nom donné aux réunions des carbonari.

Barriques n. f. Bouteilles et carafes. (Vocabulaire de table).

Bastion n. m. Table. (Voc. de table de la maçonnerie scandinave).

Batterie n. f. Battement des mains, variable avec chaque grade, que l'on fait au commencement et à la fin des tenues, et quand on veut rendre honneur à un visiteur ou à un dignitaire. (Maç.).

Batterie d'allégresse n. f. Batterie maçonnique tirée en loge, à l'occasion d'un événement heureux. Elle est accompagnée de l'Acclamation. (V. ce mot).

Batterie de Deuil n. f. Batterie tirée par les francs-maçons, revêtus de leurs insignes de deuil, en mémoire d'un des leurs, décédé. Elle s'accompagne de l'acclamation funèbre : *Gémissons! Gémissons! Espérons!*

Beaucéant ou **Beaucens** n. m. Nom de l'étendard des Templiers. Leur cri de guerre était : « A moi, beau sire, beaucéant, à la rescousse ! »

Beau Feu rouge n. m. Vin rouge, dans la maçonnerie scandinave.

Bêches n. f. Cuillers. (Maç. scandinave).

Belba. Anagramme de Babel ; mot de passe du grade de compagnonne dans la maçonnerie d'adoption. Il signifie : *dans la confusion.*

Bélier n. m. (V. Coureur du soleil).

Bienfaisance (Chevalière de la) n. f. Rose-croix des Dames, haut grade de la franc-maçonnerie d'adoption, qui ne fut pas mis en pratique.

Bijou n. m. Ornement de métal formé d'emblèmes maçonniques, variables avec les degrés, et qui se place au bas des cordons. — Décoration caractéristique d'une loge maçonnique qui

Bijou de cordon.

Bijou de la loge Alsace-Lorraine.

Bijou de la loge les Vrais Experts.

est décernée aux garants d'amitié ou aux frères qui rendent des services à l'ordre.

Billot n. m. Table, dans un chantier de fendeurs.

Bloc n. m. La table, dans les banquets de la fenderie.

Blut-Buch n. m. (V. Livre du sang).

Boisson (Ordre de la) n. m. Ordre androgyne institué dans le Bas-Languedoc en 1735.

Bondrilles n. m. Compagnons charpentiers, dits compagnons passants ou dévorants, qui faisaient partie des Enfants du père Soubise.

Bons Cousins Charbonniers n. m. Associés de la franc-charbonnerie.

Bonne Vie! Mot sacré des fendeurs du devoir.

Bonne Volonté (Société de la) n. f. Société secrète organisée au xıve siècle pour lutter contre l'oppression.

Bouclier rouge ou **Association des Frères Rothschild** n. f. Association ancienne, organisée en 1170 pour lutter contre l'oppression de cette époque.

Boucliers n. m. Assiettes. (Vocabulaire de table de la maçonnerie scandinave).

Branche d'Acacia n. f. Symbole d'immortalité, dans les emblèmes maçonniques.

Bref n. m. Diplôme de rose-croix. (Franc-maçonnerie).

Breuvage d'amertume n. m. Breuvage plus ou moins amer que l'on fait boire aux profanes au cours de l'initiation, et qui n'a qu'un caractère symbolique. C'est de là qu'est venue la légende des empoisonnements maçonniques de ceux qui trahissent les secrets de l'ordre.

Briquet n. m., **Briquette** n. f. Récipiendaire, dans un chantier de fendeurs.

Brotherhood n. f. Fraternité révolutionnaire irlandaise.

Brûler le Copeau loc. Boire, dans les chantiers de la fenderie.

Brûleurs n. m. Membres des sociétés compagnonniques qui ne remplissaient pas leurs engagements.

Buon-Cousini n. m. Nom donné parfois aux carbonari italiens.

Burschenschaft n. f. Association d'étudiants qui prit une part active au relèvement de l'Allemagne après Iéna et au soulèvement de 1813.

C

Cabinet de réflexion n. m. Cabinet où l'on abandonne le profane à ses réflexions, au cours des épreuves de l'initiation maçonnique, et où il doit écrire son testament moral.

Caderya n. m. Confrérie secrète musulmane, dont le siège est à Bagdad, et à laquelle appartenait le fameux Mahdi qui prit Kartoum.

Cadoche n. m. (V. Kadosch).

Caisse des Peuples n. f. Caisse de la société politique la République universelle.

Calderari n. m. Société politique italienne, qui affectait d'être secrète et combattait les carbonari. Ses membres se recrutaient parmi les hommes les plus avilis par le fanatisme bigot et l'absolutisme bourbonien.

Calices n. m. Verres, dans les

banquets des souverains princes roses-croix.

Camorra n. f. Société secrète, puissante dans le royaume de Naples, sous le gouvernement de Ferdinand II, et dont les adhérents furent expulsés après la révolution de 1860.

Candidat n. m. Celui qui est proposé pour l'initiation maçonnique.

Canons n. m. Les verres. (Vocabulaire de table).

Cantique n. m. Nom donné à tout chant ayant un caractère maçonnique.

Carbonaro n. m. (pl. **Carbonari**). Membre d'une société secrète, fondée en Italie au commencement de ce siècle, pour le renversement de la monarchie et qui se répandit en France pour combattre la Restauration au nom des principes du libéralisme.

Carbonarisme n. m. Association de carbonari.

Carbonari n. m. Membres de la charbonnerie italienne.

Cassemotte n. m. Celui qui s'introduisait dans les chantiers de fendeurs pour en pénétrer les secrets.

Cavalerisse n. m. Le grand écuyer, dans l'ordre de Malte.

Caverne n. f. Le second appartement appelé également chambre obscure, dans le 4e grade qui est celui d'élu.

Cayenne n. f. Auberge située près des chantiers et où les ouvriers charpentiers d'un même compagnonnage tiennent leurs réunions et procèdent à leurs initiations et affiliations.

Cène mystique n. f. Banquet

Censeur n. m. Membre de la haute vente, qui avait la surveillance des ventes centrales.

Centaine (Ordre de la) n. m. Société androgyne qui succéda aux chantiers de fendeurs et fendeuses, et dont les formes se rapprochaient de celles de la maçonnerie d'adoption. Il fut institué à Bordeaux en 1735.

Centre de Résistance n. m. Société secrète fondée à Paris, en 1851, pour organiser la résistance contre le coup d'État.

Centurie n. f. Subdivision de la charbonnerie en vue d'une lutte armée.

Centurion n. m. Chef nommé par un groupe de dix décurions dans la société des Montagnards, et qui communiquait avec le comité directeur de chaque ville.

Cercle n. m. Circonscription des tribunaux secrets de l'Allemagne au moyen âge.

Cercle n. m. Groupement de 40 associés de la société politique l'Italie réunie.

Ceryce n. m. Celui qui accompagnait le profane, dans l'initiation aux anciens mystères de l'Égypte.

Chadelya. Confrérie secrète musulmane, qui a son centre en Tripolitaine; elle est particulièrement acharnée contre la France.

Chaîne (Ordre de la) n. m. Ordre androgyne institué en Danemark en 1777.

Chaîne d'Union n. f. Chaîne que forment les maçons à la fin des agapes ou en loge, pour porter des santés ou recevoir le mot de semestre.

Chambre du Milieu. n. f. Loge où se confère le grade de maître et où se font les tenues de maîtrise. Quelques-uns la désignent encore sous le nom de *troisième appartement.*

Chambre de Perfection n. f. Local où se tient un chapitre de roses-croix.

Chancellerie n. f. 2e chambre du 87e degré du rite de Misraïm, tendue de bleu et éclairée par 39 lumières.

Chantier n. m. Réunion de fendeurs. — Réunion des chevaliers du travail.

Chantier du Globe et de la Gloire n. m. Titre primitif pris par les fendeurs et fendeuses du devoir, ordre androgyne fondé à Paris en 1747 par le chevalier Beauchêne, dans le cabaret du *Soleil d'Or,* rue Saint-Victor.

Chantier de Solidaires n. m. Groupements politiques qui s'occupent de l'étude des questions sociales et humanitaires et qui furent fondés sous l'influence des idées maçonniques.

Chapelain ou **Prêtre** n. m. Membre religieux de l'ordre de Malte.

Chapitre n. m. Loge de roses-croix philosophiques. — Loge des noachites ou 21e degré du rite écossais ancien. (V. planche pp. 130-131).

Chapitre d'Ecosse jacobite n. m. Chapitre maçonnique fondé par Charles-Edouard Stuart, à Arras, sous la présidence du père de Robespierre.

Chapitre général de l'Or-

dre. Réunion de tous les chefs, qui possédait l'autorité suprême, dans l'ordre des Templiers.

Charbonnerie n. f. Nom donné au carbonarisme français.

Charbonniers n. m. Les carbonari français.

Charger v. Verser à boire. (Vocabulaire de table).

Charte de Transmission n. f. Charte scellée par le régent Philippe d'Orléans, et d'après laquelle on prétendait qu'un personnage mystérieux, du nom de Larmenius, avait reçu de Jacques Molay, dans sa prison, le titre de grand maître du Temple et l'ordre de perpétuer l'association des Templiers dans le monde.

Chef du Tabernacle n. m. 23e degré des grades chapitraux écossais.

Chérubins n. m. Nom des membres des loges du 28e degré écossais ancien et accepté.

Chérubin n. m. Surveillant d'une loge de félicitaires. — Grade faisant suite au 28e degré des grades chapitraux écossais et appelé encore prince adepte.

Chevalier n. m. Titre des kadoschs. Membre militaire de l'ordre de Malte.

Chevalier de l'Aigle blanc et noir n. m. (V. Kadosch).

Chevalières de la Bienfaisance n. f. (V. Rose-Croix des Dames).

Chevaliers et Chevalières de l'Ancre. Ordre androgyne, créé en 1747, à la suite de la séparation de membres, devenus trop nombreux, de l'ordre des félicitaires.

Chevalières de la Colombe

n. f. 8e degré de la maçonnerie d'adoption.

Chevaliers du Désert n. m. Société politique secrète, organisée au XIVe siècle pour lutter contre l'oppression.

Chevalier d'Éloquence n. m. Orateur d'un aréopage ou d'un chapitre.

Chevalier de l'Épée n. m. 15e degré des grades chapitraux écossais.

Chevalier du Sublime Choix n. m. 34e degré du rite de Misraïm.

Chevalier Prussien ou de la Tour n. m. 35e degré du rite de Misraïm.

Chevalier du Temple n. m. 36e degré du rite de Misraïm.

Chevalier de l'Aigle n. m. 37e degré du rite de Misraïm.

Chevalier de l'Aigle noir n. m. 38e degré du rite de Misraïm.

Chevalier de l'Aigle rouge n. m. 39e degré du rite de Misraïm.

Chevalier d'Orient blanc n. m. 40e degré du rite de Misraïm.

Chevalier d'Orient n. m. 41e degré du rite de Misraïm.

Chevalier Rose-Croix de Kilwinnig et d'Hérédom n. m. 42e degré du rite de Misraïm.

Chevalier de la Palestine n. m. 63e degré du rite de Misraïm.

Chevalier de l'Arc-en-Ciel n. m. 68e degré du rite de Misraïm.

Chevalier du Banuka ou de la Kamuka n. m. 69e degré du rite de Misraïm.

Chevalier de la Voûte sa- crée n. m. 14e degré du rite de Memphis.

Chevalier du Tabernacle n. m. 24e degré du rite de Memphis.

Chevalier de l'Aigle rouge n. m. 25e degré du rite de Memphis.

Chevalier du Serpent d'Airain n. m. 26e degré du rite de Memphis.

Chevalier de la Cité sainte ou Prince de Merci n. m. 27e degré du rite de Memphis.

Chevalier du Joyau ou du Soleil n. m. 28e degré du rite de Memphis.

Chevalier de Saint-André n. m. 30e degré du rite de Memphis.

Chevalier Philalèthe n. m. 36e degré du rite de Memphis.

Chevalier des Sept Étoiles n. m. 41e degré du rite de Memphis.

Chevalier de l'Arc-en-Ciel n. m. 42e degré du rite de Memphis.

Chevalier du Phénix n. m. 51e degré du rite de Memphis.

Chevalier du Sphinx n. m. 53e degré du rite de Memphis.

Chevalier du Pélican n. m. 54e degré du rite de Memphis.

Chevalier Scandinave n. m. 60e degré du rite de Memphis.

Chevalier du Temple de la Vérité n. m. 61e degré du rite de Memphis.

Chevalier d'Orient ou de l'Épée n. m. 3e ordre ou 6e grade maçonnique du rite français élaboré en 1786.

Chevalier du Soleil n. m. (V. Prince adepte). (V. Grand-

Écossais de Saint-André d'Écosse].

Chevaliers Prussiens n. m. Autre nom des noachites.

Chevaliers de la Rose n. m. Membres masculins d'un ordre androgyne fondé à Paris en 1778, par Chaumont.

Chevalier Royal-Hache n. m. 22e degré des grades chapitraux écossais.

Chevaliers Rameurs et Dames Rameuses n. m. Ordre androgyne fondé à Rouen en 1738 et qui eut peu de succès.

Chevaliers redresseurs d'Abus n. m. Société politique qui se fonda en Russie, après 1815, pour obtenir l'affranchissement des serfs et l'application des mesures libérales dans le gouvernement.

Chevalier du Serpent d'Airain n. m. 25e degré des grades chapitraux écossais.

Chevaliers du Travail n. m. Association ouvrière, dont les membres se soutiennent mutuellement et engagent la lutte contre le capital au profit de la classe prolétarienne. Puissamment organisés en Amérique et en Angleterre, les chevaliers du travail ont propagé leur institution en Belgique et en France, où ils sont réunis en groupements d'une vingtaine de membres, appelés chantiers.

Chevaliers et Chevalières de la Joie. Ordre androgyne établi à Paris en 1696 et qui était placé, comme l'indiquent ses statuts, sous la protection de Bacchus et de l'Amour.

Chevalières de Saint-Jac- ques **de l'Épée et de Palatrava** n. f. Ordre des deux sexes qui exista autrefois en Espagne, et dont le titre indique les travaux de lutte contre les influences mauresques.

Chevalières de Saint-Jean de Jérusalem n. f. Ordre androgyne qui existait jadis en Espagne.

Chef-d'Œuvre n. m. Pièce difficile du métier que devaient faire les compagnons pour être admis dans un compagnonnage.

Chien n. m. Nom donné à tous les dévorants ou dévoirants, à cause du hurlement qu'ils poussaient lorsqu'ils se rencontraient.

Ciel n. m. Plafond d'une loge, parsemé d'étoiles.

Ciment n. m. Poivre. (Voc. de table).

Ciment n. m. Poivre. (Maç. d'adoption).

Ciment fort n. m. Moutarde (Maç. d'adoption).

Circoli Barsanti n. m. pl. Cercles révolutionnaires clandestins en Italie, auxquels un caporal rebelle, fusillé en cette qualité, a donné son nom.

Clercus n. m. 6e degré du rite de Swedenborg.

Club maçonnique n. m. Club qui se fonda à Paris, en 1848, avant les élections à l'Assemblée nationale, et qui fit une déclaration de principes avec l'indication des garanties à exiger des candidats à la représentation nationale.

Code scrutateur n. m. Livre qu'on ouvrait à l'illuminé majeur, et qui contenait tout ce que ses frères avaient recueilli sur lui.

Code maçonnique n. m. Recueil de préceptes moraux qui constituent le code moral de la franc-maçonnerie. (Voir pages 138-139).

Cognée (Ordre de la) n. f. Société androgyne qui succéda aux fendeurs et fendeuses, et dont les formes se rapprochaient de la maçonnerie d'adoption.

Cohorte n. f. Subdivision des carbonari. — Division des philochoréites.

Collège n. m. Nom de la loge de Royal-Arche ou 13e degré du rite écossais ancien et accepté.

Collège n. m. Loge du 22e degré du rite écossais ancien et accepté.

Colonnes n. f. Banquettes situées de chaque côté de la loge, sur lesquelles les frères prennent place. (Maç.).

Colonne B n. f. Colonne d'ordre corinthien placée à droite de la porte du temple, avec chapiteau orné de trois grenades entr'ouvertes et fût marqué de la lettre B.˙., initiale du mot des compagnons.

Colonne J n. f. Colonne d'ordre corinthien placée à gauche de la porte du temple et portant sur le fût la lettre J.˙., initiale du mot des apprentis, et, sur le chapiteau, trois grenades entr'ouvertes.

Colonne du Midi n. m. (V. colonne B.˙.).

Colonne du Nord. (V. colonne J.˙.).

Comité n. m. Dans l'ordre de Malte, bureau de 16 commandeurs, chargé de l'expédition des affaires de la société.

Comité (Tenue de) n. f. Tenue où se règlent les affaires particulières d'une loge, et qui ne diffère des tenues solennelles que parce que les membres de la loge seuls y prennent part aux travaux.

Comité invisible n. f. Annexe de la société des Droits de l'Homme, établie à Lyon, et qui comptait parmi ses principaux membres Jules Favre, Rivière, Périer, Charassin, etc.

Commanderie. Bénéfice attaché à certains ordres militaires. Résidence d'un commandeur de l'ordre de Malte. *Grande commanderie*, résidence du grand commandeur.

Commandeur n. m. (V. Inquisiteur). Grade supérieur de différents rites maçonniques.

Commandeur d'Orient n. m. 42e degré du rite de Misraïm.

Commission de Propagande n. f. Société politique du règne de Louis-Philippe, qui se rattachait à la société des Droits de l'Homme.

Communeros n. m. Société secrète, fondée en Espagne, en 1820, par des dissidents auxquels les bases sociales et philanthropiques de la franc-maçonnerie paraissaient insuffisantes.

Compagne de Pénélope n. f. Membre d'une société androgyne appelée encore *Palladium*, parce qu'on y apprenait aux récipiendaires que le travail est le palladium des femmes.

Compagnon n. m. Le 2e grade

symbolique dans le rite maçonnique.

Compagnon Cohen n. m. 5e degré du rite de Swedenborg.

Compagnon parfait Architecte n. m. Le 26e degré dans le rite de Misraïm.

Compagnons finis n. m. Le 2e ordre chez les compagnons menuisiers ou gavots.

Compagnons initiés n. m. Le 3e ordre de compagnonnage chez les gavots.

Compagnons reçus n. m. Le 1er ordre de compagnonnage chez les menuisiers ou gavots.

Compagnons du Devoir n. m. Association ouvrière de tailleurs de pierre, de charpentiers, etc., qui avait ses rites et ses initiations. Elle comprenait les *Enfants de Maître Jacques*, les *Enfants de Salomon* et les *Enfants du Père Soubise*. Elle existe encore aujourd'hui.

Compagnon d'Ulysse n. m. 2e grade de la maçonnerie dite *palladique*.

Compagnonnage n. m. Association ouvrière dont les membres étaient admis après une initiation et devaient se prêter assistance mutuelle. — Le second des grades symboliques dans la franc-maçonnerie.

Compagnonne n. f. 2e degré de la maçonnerie d'adoption.

Concile n. m. Assemblée annuelle des confréries ou sociétés secrètes musulmanes, où l'on initie les adeptes et où on leur apprend à se reconnaître entre eux par leur façon de prier, de porter le turban, le chapelet, etc.

Conduite ou **Conduite en règle** n. f. Conduite que faisaient les *compagnons* à celui de leurs camarades qui quittait une ville pour aller travailler ailleurs. Les membres de la société faisaient cortège au partant. En tête marchait le *rouleur*, suivi à distance par le *portant*, dont il portait la canne et le paquet. Derrière venaient, deux par deux, les compagnons ; chemin faisant, on vidait des bouteilles et l'on chantait des chansons jusqu'au lieu de la séparation.

Conduite de Grenoble n. f. Expulsion d'un membre d'un compagnonnage ; elle consistait à lui faire boire de l'eau, quand ses compagnons buvaient du vin à l'exécration des voleurs ; à lui en jeter au visage ; à brûler ses couleurs ; à le faire souffleter par chaque membre, et à le jeter au dehors avec un coup de pied au derrière.

Congrès n. m. Réunion des loges d'une région, préparatoire au convent.

Connaître l'Acacia loc. Avoir été admis au grade de maître, dans la franc-maçonnerie.

Connaître la Lettre G loc. Etre reçu compagnon franc-maçon.

Conseil n. m. Loge d'élus ou 4e grade.

Conseil-Chef-Central n. m. Conseil suprême des fenians, dont le siège est à New-York.

Conseil complet ou **Conseil ordinaire** n. m. Assemblée délibérante de l'ordre de Malte, qui assistait le grand-maître et avait le pouvoir exécutif dans ses attributions. L'autorité législative était exercée par

PLANCHE DU CHAPITRE

Disciples de Saint-Vincent-de-Paul

7..

Changement de rapport

CHANGEMENT DE RAPPORT

Rpt ⟦18⟧

au lieu de

Rpt ⟦15⟧

...CII DES DISCIPLES DE St VINCENT DEPAUL

à l'O∴ de Paris le 14.. j.. du 20m.. l'an de la V∴L∴ 36
.... le 14 1836

T∴C∴F∴

La R∴ a la faveur de vous prevenir qu'elle ouvrira ses trav le Vendredi
30 .... a 6 heures du soir en son local rue Grenelle ....
Vous êtes invité à venir l'éclairer de vos lum∴ et à partager avec elle les
douceurs de l'amitié et de la bienfaisance qui règnent dans son sein

J'ai la faveur d'être V∴L∴M∴ Q∴V∴S∴C∴

Votre dévoué f∴ .....
Ven∴

Ordre des Trav∴
Reception au 1er Das
Nomi∴∴ des M∴ ....
Nomi∴∴ des Off∴∴ du S∴ Cho∴

Par Man dement de la R∴
....

N.P.V.O.M.

Changement de rapport

CHANGEMENT DE RAPPORT

Rpt [15]

au lieu de

Rpt [18]

La planche ci-contre est la reproduction photo-
zincographique, réduite de *un cinquième*, d'une
convocation maçonnique dont nous possédons
l'original.

une assemblée particulière appelée *chapitre général*.

Conseil Suprême n. m. Assemblée du 33e degré écossais ancien et accepté.

Consistoire n. m. Loge du 32e degré écossais ancien et accepté.

Convent n. m. Réunion générale et solennelle des délégués des loges maçonniques, qui se tient chaque année au Grand-Orient au mois de septembre.

Convent (Petit) n. m. Réunion plénière du Conseil de l'ordre du Grand-Orient de France au printemps.

Conventicule n. m. Petite assemblée secrète et illicite.

Copeau pourri n. m. L'eau, dans les banquets de la fenderie.

Copeau rouge ou **blanc** n. m. Le vin, dans les banquets de la fenderie.

Corbeau n. m. Faux frère, dans la maçonnerie d'adoption.

Cordon n. m. Décor maçonnique que les francs-maçons portent en sautoir ou autour du cou, avec pointe tombant sur la poitrine.

Coterie n. m. Titre que se donnaient entre eux les tailleurs de pierre et charpentiers appartenant aux compagnonnages.

Coupes n. m. Verres, dans les banquets des *Grands Élus* ou écossais.

Cour n. f. Loge du 27e degré écossais ancien et accepté.

Coureur du Soleil n. m. Nom donné à l'initié des mystères de Mithra. Il prenait encore ceux de *lion*, de *bélier*, de *soldat*, selon

le courage ou le savoir dont il avait fait preuve.

Cousin de l'Orme n. m. 2e grade d'un chantier de fendeurs.

Cousin du Chêne n. m. Premier grade d'un chantier de fendeurs.

Cousin du Tremble n. m. Un des grades des chantiers de fendeurs. On l'appelait encore Mandrin.

Cousine Catau n. f. Dans la fenderie, l'épouse du cousin du Tremble. C'était la blanchisseuse des compagnons.

Cousine Javotte n. f. Cuisinier de l'ordre des fendeurs, qui était habillé en femme.

Cousine Marie n. f. Cuisinier de l'ordre des fendeurs, habillé en femme.

Crata Repoa. Maçonnerie dite Égyptienne, comprenant sept grades, et qui s'établit en Allemagne au XVIIIe siècle.

Couvrir le Temple loc. Quitter le temple. — Être obligé d'attendre à l'entrée du temple. (Fr.-maç.).

Crayon n. m. La plume. (Fr.-maç.).

Crocodiles (Les). Société secrète, fondée à Paris en 1861, et ayant, disait-on, pour objet de renverser le gouvernement. C'était une manœuvre policière destinée à compromettre les républicains rentrés en France sur la foi de l'amnistie de 1859. Elle eut pour conséquence la condamnation de Blanqui à quatre ans d'emprisonnement, sous prétexte qu'on avait trouvé, écrites de sa main, des formules d'explosifs et *d'encre sympathique*.

8

Cruche n. f. Bouteille, dans les banquets de la fonderie.

Cucharia ou **Ordre de la Tracsie** n. f. Ordre dit maçonnique, fondé en Italie en 1512.

Curie n. f. Groupement de calderari napolitains.

Curie centrale n. f. Conseil de surveillance des calderari napolitains.

Cycéon n. m. Breuvage réparateur qu'on donnait au cours de l'initiation dans les mystères antiques.

Cymbale n. f. Nom du vase dans lequel on mettait le liquide mystique servant, dans les initiations, aux anciens mystères grecs.

D

Dadouche n. m. Initiateur aux mystères antiques.

Daï-l-Kebir n. m. Grand missionnaire, gouverneur d'une province, dans la secte des assassins.

Daïs ou **Missionnaires**. Dignitaires initiés aux mystères et placés sous les ordres du daï-l-kebir, dans la secte des assassins.

Dames chanoinesses de Malte n. f. Communautés de femmes, recrutées exclusivement parmi les familles nobles, et qui dépendaient de l'ordre de Malte.

Dames Ecossaises de France n. m. Rite androgyne, fondé à Paris, en 1810, qui suivait une hiérarchie et des pratiques maçonniques et avait pour but de relever la situation matérielle et morale de la femme.

Dames Philéides n. f. Ordre établi en Bretagne au XVIIIe siècle.

Danelle n. f. Batterie, dans un chantier de fendeurs; elle se faisait à l'aide de deux bâtons égaux, que l'on frappait en imitant les maréchaux.

Date n. f. On date les actes maçonniques en ajoutant 4,000 au millésime de l'année et en commençant par mars, 1er mois.

Décurion n. m. Chef d'une *décurie*, dans la société des Montagnards et des Carbonari.

Décurie n. f. Groupe de dix membres dans la société des Montagnards et des Carbonari.

Défense de la Presse (Société de) n. f. Société politique fondée sous le règne de Louis-Philippe, et qui se rattachait à la société des Droits de l'Homme.

Dégrossir v. Découper. (Voc. de table).

Demander l'âge loc. Demander à un maçon quel est son grade.

Demi-Croix n. f. Aspirant, dans l'ordre de Malte.

Député n. m. Membre de la vente centrale, qui fondait une vente particulière de carbonari et correspondait seul avec l'association supérieure.

Deuxième Sage n. m. 50e degré du rite de Misraïm.

Devoir n. m. (V. Compagnonnage). Le devoir était aussi l'obligation, la règle, les lois d'ordre auxquels obéissaient les compagnons. On appelait encore *devoirs* les secrets de chaque compagnonnage.

Dévorant, Dévoirant n. m. Membre d'un devoir ou compagnonnage. Ce nom était donné particulièrement aux menuisiers et sorcuriers, Enfants de Maître Jacques.

Dévoués n. m. Amis qui, chez les initiés aux croyances druidiques, faisaient volontairement le sacrifice de leur existence pour rejoindre dans l'autre vie leurs compagnons d'ici-bas.

Diacre n. m. Celui qui, dans l'initiation aux mystères antiques, tournait mystérieusement autour de l'autel.

Diamant (Ordre du) ou **Chevaliers Invulnérables.** Ordre dit maçonnique du XVIIIᵉ s.

Diane n. f. (V. Danelle).

Digne Frère n. m. Titre des membres de l'ordre de la Persévérance.

Dimanche n. m. Nom du chef d'une semaine, dans la société des Saisons.

Discrétion n. f. Nom de l'introductrice, dans l'ordre androgyne des Chevaliers et Nymphes de la Rose.

Docteur des Planisphères n. m. 37ᵉ degré du rite de Memphis.

Docteur Orphique n. m. 71ᵉ degré du rite de Memphis.

Docteur du Feu sacré. 78ᵉ degré du rite de Memphis.

Docteur des Vedas sacrés 79ᵉ degré du rite de Memphis.

Donat n. m. Aspirant, dans l'ordre de Malte ; il portait encore le nom de demi-croix.

Douelle n. f. Batterie qui se faisait dans les chantiers de fendeurs en frappant d'abord, avec deux petits bâtons de chêne, deux coups sur le billot d'honneur, puis un coup sur les bâtons. (Contraction de *douvelle*, petite douve).

Drilles n. m. (V. Bondrilles).

Drapeaux n. m. Serviettes. (Voc. de table).

Droits de l'Homme (Société des) n. m. Société politique fondée en 1832, et qui avait pour but de changer la forme du gouvernement et l'organisation sociale tout entière.

E

Eau sèche n. f. Sel. (Maç. d'adoption).

Echelles n. f. Pièces écrites, dans la maçonnerie d'adoption.

Echelle mystérieuse n. f. L'échelle dont Noé se servit pour monter dans l'arche. Ses deux montants représentaient l'amour de Dieu et du prochain et ses cinq échelons signifiaient sagesse, prudence, charité, candeur et vertu. Dire *j'ai monté l'échelle mystérieuse* signifiait : J'ai reçu la maîtrise. (Maç. d'adoption).

Ecole de Minervales n. f. Institution de la secte d'illuminés que l'on voulut établir pour y attirer les femmes.

Ecossais Compagnon n. m. 15ᵉ degré du rite de Misraïm.

Ecossais Maître n. m. 16ᵉ degré du rite de Misraïm.

Ecossais Panissière. n. m. 17ᵉ degré du rite misraïmique.

Ecossais Trinitaire n. m. 20ᵉ degré des grades chapitraux écossais. — 14ᵉ degré du rite de Misraïm.

Ecossais de Saint-André n. m. 21ᵉ degré du rite de Misraïm.

Ecossais des 3 J∴ n. m. 19ᵉ degré du rite de Misraïm.

Ecossais de la Voûte sa-

crée de Jacques VI n. m. 20° degré du rite de Jacques VI.

Ecossisme n. m. Le rite maçonnique écossais.

Ecossisme réformé n. m. Ordre de dix grades et deux temples attribué au baron de Tschoudi (1776).

Eissowiés n. m. Aïssaouas charmeurs de serpents.

Escadre n. f. Loge de félicitaires.

Eleusiniens n. m. Degré supérieur de l'hétairie grecque.

Elu n. m. 4° grade, ou premier ordre chapitral. (Maç.).

Elu des Neuf n. m. 9° degré du rite de Misraïm.

Elu de l'Inconnu ou de Pérignan n. m. 10° degré du rite de Misraïm.

Elu des Quinze n. m. 10° degré de l'ancien rite maçonnique écossais. — 17° degré du rite de Misraïm.

Elu parfait n. m. 12° degré du rite misraïmique.

Elus secrets n. m. Les membres d'un conseil d'élus.

Embaucher v. Dans le langage compagnonnique, présentation, par le rouleur, des compagnons au patron qui, ayant besoin d'ouvriers, est venu en demander au premier compagnon ou dignitaire de la corporation.

Elu souverain n. m. Le 59° degré du rite de Misraïm.

Emcutition, Emutition n. f. Election aux commanderies, dans l'ordre de Malte.

Empiler le Bois loc. Faire trois sauts de côté ; c'est la marche des fendeurs du devoir.

Enfants de la Corde n. m.

Les profanes, pour les initiés de la Sainte-Vehme.

Enfants de Maître Jacques n. m. Groupe de compagnonnages comprenant les loups-garous ou tailleurs de pierre, les dévorants ou menuisiers, les serruriers, forgerons, cloutiers, boulangers, etc.

Enfants de Noë n. m. Grade qui se donnait autrefois en septembre ou au commencement d'octobre, parce qu'il fallait avoir des feuilles de vigne et des raisins pour décorer la loge. Le vénérable s'appelait père Noë et les surveillants Sem et Japhet. (Maç.).

Enfants de Padille n. m. Carbonari qui se fondèrent en Espagne en 1815.

Enfants de Salomon n. m. Groupement de compagnons comprenant les loups, les gavots, les renards de liberté et les serruriers.

Enfants du Père Soubise n. m. Groupe de compagnonnage comprenant les drilles ou bondrilles, compagnons charpentiers, les couvreurs et les plâtriers.

Eons (Rite des) ou de Zoroastre n. m. Rite philosophique ancien, dont les préceptes et la morale sont tirés de l'Izeschné, ouvrage de Zoroastre en 72 chapitres.

Ephorie n. f. Groupement de l'hétairie grecque.

Epopte n. m. Membre de la classe supérieure des illuminés.

Equerre n. f. Emblème de rectitude, qui est le bijou du vénérable d'une loge.

Esotérique adj. Se dit d'une doctrine secrète que certains philosophes ne communiquaient qu'à un petit nombre de disciples.

Étendard n. m. Serviette. (Vocabulaire de table).

Ethniki Hetairia ou **Hétairie** n. f. Ligue nationale qui contribua, en 1827, à l'indépendance grecque et poursuit toujours le triomphe de l'idée panhellénique.

Étoiles n. f. Les lumières de la loge. Bougies. (Voc. de table).

Étoile flamboyante n. f. *Avoir vu l'étoile flamboyante* signifie avoir reçu le grade de compagnon. (Maç.).

Être à couvert loc. Se trouver entre maçons réguliers, à l'abri de toute indiscrétion.

Être en sommeil loc. Se dit d'une loge qui a suspendu ses travaux ou d'un maçon qui a quitté la franc-maçonnerie.

Exalter par 5. loc. Exécuter la batterie par 5. (Maç. d'adopt.).

Excellent maçon n. m. 3e grade du rite maçonnique de royal-arche.

F

Fagot n. m. Siège, dans un chantier de fendeurs.

Faire appel à la Correspondance loc. S'adresser à toutes les loges en faveur d'un maçon frappé par le malheur.

Faire son Devoir par 5. loc. (V. Exalter par 5).

Faire feu v. Boire. (Vocab. de table).

Faire feu v. Boire en portant une santé (Voc. de table).

Famake n. m. Cérémonie malgache qui fait *frères par le sang* ceux qui y prennent part, et qui consiste à tremper respecti-

vement la pointe de ses armes dans le sang d'un bœuf, égorgé avec un cérémonial religieux, et à boire le sang de cet animal pendant que le chef du village appelle des malédictions effroyables sur les parties contractantes si elles viennent à se parjurer.

Famille n. f. Groupe de six membres. (Société des Familles).

Familles (Société des) n. f. Société politique fondée sous Louis-Philippe, qui poursuivait les réformes sociales et tirait son nom de la fraction type de l'association.

Fedaris n. m. Sacrifiés ; ceux qui s'exposaient à la mort pour la plus grande gloire de l'ordre, dans la secte des assassins.

Félicitaires n. m. Ordre androgyne, fondé à Paris en 1742 par de Chambonnet et quelques autres officiers de marine, et qui comprenait quatre grades : mousse, patron, chef d'escadre, vice-amiral.

Félicité n. f. (V. Félicitaires).

Fenderie n. f. Devoir des ouvriers bûcherons, charbonniers, etc., qui est suivi avec toute la décence et la régularité possibles.

Fénianisme n. m. Association formée en 1848 par des réfugiés irlandais en Amérique, et qui tenta, en maintes circonstances, des entreprises violentes pour abattre la puissance anglaise.

Ferte n. f. Offerte ; offertoire. dans l'ordre de Malte.

Fêtes solsticiales n. f. Fêtes annuelles que les loges maçonniques célèbrent au solstice d'hiver et au solstice d'été.

Feu jaune n. m. Huile. (Voc.

8.

CODE MAÇ

La Franc-Maçonnerie est une association d'hommes réunis dans le but

a pour principes la liberté absolue de conscience

LIBERTÉ, ÉGALITÉ,

De quelque rite reconnu que soit un franc-maçon,

Aime ton prochain.

Ne fais point le mal.

Fais du bien selon ta position.

Tout secours refusé à son frère est un parjure.

Bienveillance envers ses frères :
voilà ce que tout vrai maçon doit constamment
étudier et pratiquer.

La vraie morale consiste dans l'observation stricte
des lois de la conscience et dans
les bonnes mœurs.

Laisse parler les hommes.

Estime les bons, plains les faibles, fuis les méchants,
mais ne hais personne.

Parle sobrement avec les grands,
prudemment avec tes égaux, sincèrement avec tes
amis, doucement avec les petits, tendrement
avec les pauvres

Sois le père des pauvres,
pour l'étranger sois un frère, pour l'indigent un ami,
pour le vaincu un sauveur.

Respecte et aime tes semblables comme toi-même,
car tous les hommes sont frères et égaux.

Fais le bien pour l'amour du bien lui-même, et non
pour le profit que tu peux en tirer.

Écoute toujours la voix de ta conscience.

Fais ce que dois, advienne que pourra.

Ne flatte point ton frère, c'est une trahison ;
si ton frère te flatte, crains qu'il ne te corrompe.

Évite les querelles, préviens les insultes,
mets toujours la raison de ton côté.

ONNIQUE

S LES AUTRES

rechercher la vérité et de se rendre utiles les uns aux autres Eta

la solidarité humaine, et pour devise :

ATERNITÉ

est le frère de tous les maçons du globe.

Respecte les femmes, n'abuse jamais de leurs
faiblesses et meurs plutôt que de les déshonorer.

Lis et profite, vois et imite, réfléchis et travaille,
rapporte tout à l'utilité de tes frères :
c'est travailler pour toi-même.

Sois content de tout, partout et avec tout.

Réjouis-toi dans la justice, courrouce-toi contre
l'iniquité, souffre sans te plaindre.

Si tu as un fils, tremble sur le dépôt qui t'est confié.

Fais que jusqu'à dix ans il te craigne,
que jusqu'à vingt ans il t'aime, que jusqu'à la
mort il te respecte.

Jusqu'à dix ans sois son maître.

Jusqu'à vingt ans son père.

Jusqu'à la mort son ami.

Pense à lui donner de bons principes plutôt que de belles
manières ; qu'il te doive une droiture éclairée et non pas une
vaine élégance ; fais-le honnête homme plutôt qu'habile
homme.

Ramène à la vertu celui de tes frères qui s'en est écarté,
soutiens celui qui chancelle, relève celui qui est tombé.

Ne fais pas à autrui ce que tu ne voudrais pas qui te fût
fait ; mais fais-lui au contraire ce que tu voudrais qu'il te fît.

Ne juge pas légèrement les actions des hommes ; ne blâme
point et loue moins encore.

Sur le lit de douleur, ne laisse pas tomber avec indifférence
l'aumône du dédain ; mais dans ton secours à l'indigence,
qu'un frère reconnaisse ta main.

Frère voilà les lois maçonniques ; suis-les ; ton œuvre
ne sera pas stérile pour la gloire de l'ordre et le progrès du
en.

de table de la maçonnerie scandinave).

Feu piquant n. m. Vinaigre. (Maçonnerie scandinave).

Feu le plus ardent (Le) n. m. Liqueurs. (Voc. de table de la maçonnerie scandinave).

Feu le plus pur (Le) n. m. Vin blanc. (Voc. de table de la maçonnerie scandinave).

Fiarnaud n. m. Novice de l'ordre de Malte.

Fidèles et vrais Frères n. m. Titre des maçons du 19e degré du rite écossais ancien.

Fidélité (Ordre de la) n. m. Ordre androgyne qui succéda aux fendeurs et fendeuses, et dont les formes se rapprochaient de la maçonnerie d'adoption.

Fils de la Veuve n. m. Secte de carbonari espagnols qui se fonda en 1815, après la fermeture des loges, lors de la restauration du roi Ferdinand.

Financier n. m. Trésorier d'un chapitre de noachites.

Fine Aiguille n. f. La pointe du jour, dans le vocabulaire de la charbonnerie.

Fondeur n. m. 57e degré du rite de Misraïm.

Francs - Bourgeois n. m. Francs-juges qui parcouraient l'Allemagne et dénonçaient les crimes au tribunal de la Sainte-Vehme.

Francharbonnerie n. f. Ordre qui se développa en France, dans les diverses contrées où se trouvent des forêts.

Francs-Chevaliers n. m. Francs-juges qui exécutaient les sentences rendues par les tribunaux de la Sainte-Vehme.

Francs-Comtes n. m. 1re catégorie d'initiés du tribunal de la Sainte-Vehme, qui présidaient les cercles du Pays-Rouge.

Francs-Juges n. m. Troisième catégorie des initiés de la Sainte-Vehme.

Francs-Maçons, Franc-Maçonnerie. Société philanthropique et philosophique, dont certains font remonter l'origine au temps de Salomon.

Francs-Penseurs n. m. Société secrète qui s'organisa en 1818 pour lutter contre l'oppression royale et cléricale.

Frères n. m. Titre que prennent entre eux les francs-maçons.

Frères de la Bonne-Œuvre n. m. (V. Thugs).

Frère Couvreur n. m. Frère chargé de ne laisser pénétrer en loge que les maçons reconnus comme tels.

Frère Eléémosinaire n. m. Le frère hospitalier d'une loge.

Frère Intime n. m. Surveillant du 4e grade de l'écossisme réformé.

Frère Insinuant n. m. Membre de la secte des illuminés, choisi parmi les plus habiles et les plus austères, à qui était confié le soin de recruter des adeptes.

Frère Jacques n. m. Orateur d'un chantier de prodigues convertis, ou second point de la fenderie.

Frères Moraves n. m. Anabaptistes allemands qui, pratiquant le communisme, cachaient leur vie et leurs doctrines.

Frère Pierre n. m. Le secrétaire d'un chantier de prodigues convertis.

Frères de la Rose-Croix n. m. Association prétendue maçonnique, qui se forma à Paris en 1804, et dont les membres s'associèrent pour rendre à la France son *souverain légitime* (?)

Frères Rothschild n. m. (V. Société du *Bouclier Rouge*).

Frère Servant n. m. Francmaçon chargé du service matériel de la loge.

Frères du Temple n. m. Membres d'un ordre qui prétendait ressusciter l'ordre des Templiers, il fut fondé à la fin du règne de Louis XIV, avec le duc du Maine comme grand maître.

Frère Terrible n. m. Francmaçon chargé d'accompagner les profanes qui se présentent aux épreuves maçonniques.

Frères Trois-Points n. m. Nom donné par dérision aux francs-maçons, parce qu'ils abrègent certains mots en les faisant suivre de 3 points (∴).

Frère de la Vérité n. m. Orateur des loges du 28e degré écossais ancien et accepté.

Fusion de Neige n. f. Eau. (Voc. de table de la maçonnerie scandinave).

G

Gardien de l'Armée de Jésus-Christ n. m. Titre du grand-maître de l'ordre de Malte.

Gardien des Trois Feux n. m. 72e degré du rite de Memphis.

Gardien du Nom incommunicable n. m. 73e degré du rite de Memphis.

Gardes du Trône n. m. Officiers casqués et armés d'une pique et d'un bouclier, qui étaient adjoints aux officiers ordinaires des loges, dans l'écossisme réformé.

Garnir une Lampe loc. Verser du vin dans un verre. (Maç. d'adoption).

Gavots n. m. Menuisiers compagnons du devoir de liberté, qui faisaient partie des Enfants de Salomon et se divisaient en *compagnons finis, compagnons reçus, compagnons initiés et affiliés*.

Gerairi n. m. Vénérable qui accomplissait le sacrifice d'un bouc, dans les mystères antiques.

Glaive n. m. Épée à poignée cruciforme et à lame flamboyante dont se servent les francs-maçons. — Emblème de maître des cérémonies d'une loge. — Nom donné aux épées dans la franc-maçonnerie.

Glaives n. m. Couteaux. (Voc. de table).

Grades capitulaires n. m. Grades maçonniques intermédiaires aux grades symboliques et aux grades philosophiques.

Grades philosophiques n. m. Les grades les plus élevés de la franc-maçonnerie.

Grades symboliques n. m. Les trois premiers grades d'apprenti, compagnon et maître dans la franc-maçonnerie.

Graine commune n. f. Sel. (Vocabulaire de table de la maçonnerie scandinave).

Graine fine n. f. Poivre (Voc. de table de la maçonnerie scandinave).

Grand Alexandre la Confiance n. m. Maître d'un chantier de prodigues convertis ou second point de la fenderie.

Grand Architecte n. m. 23e degré du rite de Misraïm.

Grand Architecte de l'Univers n. m. Nom sous lequel Dieu est désigné dans le langage franc-maçonnique.

Grand Ciseleur n. m. Secrétaire d'une *hiérarchie*.

Grand Conseil Chef des Loges n. m. 16e degré des grades chapitraux écossais.

Grand Commandeur n. m. Président d'un chapitre de noachites.

Grand Collège des Rites n. m. Réunion des dignitaires des grades supérieurs de la franc-maçonnerie formant le suprême conseil du Grand-Orient de France.

Grand Commandeur du Temple n. m. 27e degré des grades chapitraux écossais.

Grand Conseil n. m. Loge du 17e degré du rite écossais ancien et accepté.

Grand Cophte n. m. Nom donné par Cagliostro au grand maître de la maçonnerie égyptienne qu'il avait créée.

Grand'Croix n. m. Les membres qui composaient le conseil du grand-maître de l'ordre de Malte.

Grand Écossais de la Voûte sacrée de Jacques VI n. m. 14e degré des grades chapitraux écossais.

Grand Écossais de Saint-André d'Écosse n. m. 29e degré des grades chapitraux écossais.

Grand Expert n. m. Frère chargé d'initier les maçons aux rites de la maçonnerie, et de veiller à ce que les frères qui entrent dans la loge soient réguliers.

Grand Royal-Arche n. m. 31e degré du rite de Misraïm.

Grand Commandeur d'Orient n. m. 43e degré du rite de Misraïm.

Grand Élu n. m. (V. Kadosch). — 65e degré du rite de Misraïm.

Grand' Flache ou **Grand' Arche** n. m. 32e degré du rite de Misraïm.

Grand-Hospitalier n. m. Un des piliers des huit langues de l'ordre de Malte, qui était pris dans la langue des Francs.

Grand Inspecteur n. m. Premier surveillant d'un conseil d'élus. — (V. Inquisiteur). — 65e degré du rite de Misraïm.

Grand Maître des Loges symboliques n. m. 61e degré du rite de Misraïm.

Grand Chevalier de l'Aigle blanc et noir n. m. 64e degré du rite de Misraïm.

Grand Maître n. m. Président d'un aréopage de kadoschs.

Grand Inquisiteur Commandeur n. m. 66e degré du rite de Misraïm.

Grand Maître n. m. Chef suprême de l'ordre des Templiers.

Grand Maître Architecte n. m. Le 12e degré des grades chapitraux écossais.

Grand Maître, Grand Commandeur ou **Grand Souverain** n. m. Chef d'une loge du 30e degré du rite écossais ancien et accepté.

Grand Maître de la Lumière n. m. (V. Grand Écossais de Saint-André d'Écosse).

Grand-Maître du Saint Hôpital de Saint-Jean à Jérusalem n. m. Titre du grand-maître de l'ordre de Malte.

Grand Patriarche n. m. Président d'un collège du 22e degré écossais dit chevalier royal-hache ou prince du Liban.

Grand-Orient n. m. Loge centrale de la franc-maçonnerie de toute une contrée, à la tête de laquelle se trouve un grand-maître ou un conseil de l'ordre.

Grand Pontife de la Jérusalem céleste n. m. (V. Sublime écossais).

Grand Prieur n. m. Gouverneur d'une province de l'ordre des Templiers.

Grands Surveillants n. m. Surveillants d'une sublime loge.

Grands Unitariens n. m. Membres du grand-cercle de l'*Italie réunie*, qui connaissaient seuls le but de la société et étaient informés des moyens d'action violents qu'il s'agissait d'employer.

Grande Loge n. f. Loge du 29e degré écossais ancien et accepté.

Grande Loge de France n. f. Obédience maçonnique formée par la réunion de la grande loge symbolique et des loges écossaises relevant du suprême conseil.

Grande Loge symbolique n. f. Obédience à laquelle se rattachent un certain nombre de loges du rite écossais dissidentes de l'obédience du suprême conseil.

Grenades de l'Amitié n. f. emblèmes symboliques qui couvrent les colonnes des temples de la franc-maçonnerie.

Griffe de Maître n. f. Attouchement du grade de maître.

Guilbrette n. f. Accolade fraternelle que se donnaient les membres des compagnonnages quand ils se rencontraient, ou lors des funérailles de l'un d'entre eux.

Guttural adj. Se dit du signe des apprentis maçons, qui se fait en forme d'équerre, la main droite portant de la gorge.

H

Hamidieh (Ligue) n. f. Ligue formée entre les chefs de tribus kurdes de l'Asie Mineure, avec l'approbation du sultan, et qui a pour but l'anéantissement des puissances chrétiennes et le triomphe de l'osmanisme.

Haschich n. m. Feuilles du chanvre dont s'enivraient les assassins ou sectaires du Vieux de la Montagne.

Haschischins n. m. Nom donné aux sectaires du Vieux de la Montagne, parce qu'ils s'enivraient du haschisch.

Haut les Armes loc. Commandement qui indique qu'il faut lever le verre lorsqu'on porte une santé, dans un banquet maçonnique.

Hermite n. m. Dans la fenderie, celui auquel le récipiendaire se confessait, à l'initiation, en lui remettant cinq sous.

Hernouters n. m. Membres de l'association des frères Moraves, que le comte de Zinnendorf avait nommée *Herrnhut* (bergerie du Seigneur). (1772).

Hiéromachie n. f. Cours des 23e et 24e degrés du rite écossais ancien et accepté.

Hiérocyse n. m. Celui qui, dans l'initiation aux mystères antiques, frappait les profanes de son caducée d'or.

Hiérophante n. m. Grand prêtre révélateur des choses sacrées dans les mystères antiques. — Président des chevaliers et des nymphes de la rose.

Hiram n. m. Un des architectes qui travaillèrent à la construction du temple de Salomon. Il périt frappé par de mauvais compagnons et les circonstances de sa mort constituent les cérémonies emblématiques du grade de maître dans la franc-maçonnerie, dont certains adeptes portent le titre d'*Enfants d'Hiram*.

Holy Royal-Arche n. m. 4e degré de la maçonnerie de royal-arche.

Hôma n. m. L'arbre de vie aux fruits d'or des anciens mystères de la Perse.

Home Rule n. m. Mot de ralliement des Irlandais.

Homme-Roi n. m. Grade élevé, dans la classe supérieure des illuminés.

Hospitalier n. m. Frère chargé de la caisse hospitalière ou tronc de la veuve, dans une loge maçonnique.

Huile forte n. f. Vin de liqueur. (Maç. d'adoption).

Huile fulminante n. f. Liqueur. (Maç. d'adoption).

Huile rouge ou **blanche** n. f. Vin. (Maç. d'adoption).

Hurlement n. m. Cris que poussaient en se rencontrant deux compagnons de *devoirs* rivaux. Ils étaient propres à chaque devoir, et souvent accompagnés d'injures et suivis de rixes.

Hydranos n. m. Prêtre qui, dans les mystères d'Eleusis, interrogeait l'aspirant sur l'impression que lui avaient produites les épreuves.

I

Illuminé Dirigeant n. m. Illuminé qui était chargé de l'éducation du minerval.

Illuminés Majeurs n. m. Inspecteurs des loges d'illuminés.

Illuminé Mineur n. m. 3e grade de la secte des illuminés.

Illuminés n. m. Société secrète fondée en Allemagne, au xviiie siècle, par Weishaupt, et qui avait pour but le retour à l'égalité des premiers chrétiens. Les opinions de cette secte furent propagées en France par le théosophe Saint-Martin.

Illustre n. m. 13e degré du rite de Misraïm.

Illustre Commandeur en Chef n. m. Président d'un consistoire.

Illustre Élu des Quinze n. m. 10e degré des grades chapitraux écossais. Leur assemblée se nomme *chapitre*.

Iman n. m. Chef spirituel, dans la secte des assassins.

Indépendance n. f. Société politique polonaise, fondée après 1815.

Initiation n. f. Acte par lequel un profane est reçu apprenti maçon.

Indicateur n. m. Celui qui dirigeait un groupe de cinq personnes dans le *Mutuellisme*.

Inquisiteur n. m. 30ᵉ degré des grades chapitraux écossais.

Inquisition n. f. L'inquisition fut régulièrement organisée en Espagne en 1478 et Torquemada nommé grand inquisiteur général en 1483. Les débats de ce tribunal étaient secrets et les accusés ne connaissaient jamais le nom de leur accusateur; c'est à ce titre que nous avons placé cette institution dans les sociétés secrètes, dont elle avait tous les caractères.

D'après Llorente, l'Inquisition, de 1483 à 1808, époque à laquelle elle fut abolie par Joseph Bonaparte, fit périr dans les flammes 31,912 personnes et en soumit 291,456 aux peines les plus rigoureuses. Rétablie en 1814 par Ferdinand VII, elle vit ses biens confisqués en 1835 pour aider au paiement de la dette publique.

Inspecteur n. m. Surveillant unique des loges de maîtres secrets (2ᵉ classe, 4ᵉ degré des grades chapitraux écossais).

Intendant des Bâtiments n. m. 8ᵉ degré des grades chapitraux du rite écossais.

Internationale n. f. ou **Association internationale des Travailleurs** n. f. Association fondée entre les travailleurs de tous pays, à Londres, en 1864. Etablie à Paris en 1865 par Tolain, Fribourg et Limousin, elle avait une organisation républicaine et fédérative. Chaque groupe avait son autonomie, et le Conseil général était chargé d'exécuter les décisions prises par les Congrès. Le but poursuivi était l'émancipation politique et économique des travailleurs. Le 14 mars 1872, l'Assemblée Nationale vota une loi très sévère contre tout individu qui s'affilierait ou ferait acte d'affilié à l'Internationale.

Plusieurs personnages politiques, alors très en vue, firent partie de l'Internationale, entre autres Jules Simon, qui avait le n° 606.

Invincibles n. m. Société secrète formée en Irlande, en 1881, et à laquelle fut imputé le meurtre du vice-roi et de son secrétaire d'Etat, à Phœnix-Park, en 1882.

Invisibles ou **Vengeurs** n. m. Société secrète qui fabriqua la fameuse machine infernale de Marseille en 1852, lors du passage du Prince Président en cette ville. Ce fut une manœuvre policière destinée à influencer les électeurs à l'approche du plébiscite.

Irlandais-Unis n. m. Association secrète formée par les Irlandais en 1789, et qui accueillit avec joie la Révolution française.

Italie réunie n. f. Société politique qui s'est formée par la fusion du carbonarisme et de la Jeune Italie.

J

Jacobins (Société des) n. f. Société politique qui s'établit à Paris, en 1789, dans l'ancien couvent des Jacobins et eut pour origine le *Club Breton*, fondé d'abord à Versailles. Elle prit le titre de *Société des Amis de la Constitution*, puis celui de *Société des Amis de la Liberté et de l'Egalité* (22 septembre 1792), et s'affilia plus de 1,200 clubs et sociétés similaires des départe-

9

monts. La société des Jacobins contribua au renversement de la royauté et prit une part active au mouvement révolutionnaire.

Jane n. f. Bouteille. (Maç. d'adoption).

Jésuites ou **Compagnie de Jésus.** Société religieuse, créée en 1534 par Ignace de Loyola et approuvée en 1540 par le pape Paul III. Le caractère politique de cette association, le rôle considérable qu'elle joua dans l'histoire et le soin que mirent constamment ses généraux à opérer dans l'ombre, nous autorisent à la classer dans les sociétés secrètes, au même titre que les Templiers et les Chevaliers de Malte.

Jeunes Hommes n. m. Titre des novices, chez les compagnons tailleurs de pierre ou loups.

Jeune Italie n. f. Société secrète italienne qui se fonda après la révolution de Juillet, avec Joseph Mazzini pour chef; elle avait pour but l'indépendance et l'unité de l'Italie, pour symbole une branche de cyprès, pour devise : *Maintenant et toujours,* et pour moyens, la propagande et l'insurrection.

Joannite n. m. Titre donné quelquefois aux Chevaliers de Malte.

Jeter le Cri de détresse loc. Faire appel aux secours de ses frères, dans la franc-maçonnerie.

Johaben n. m. Le récipiendaire, dans une sublime loge, ou 8e degré des grades chapitraux écossais.

Joseph n. m. Nom de l'introducteur du récipiendaire dans les chantiers de prodigues convertis.

Juillet n. m. Chef d'un *mois,* dans la société des Saisons.

K

Kadosch n. m. 5e grade philosophique du rite français, remplaçant le 30e degré templier du rite écossais.

Kahal n. m. Association des juifs contre les chrétiens.

Khoddam n. m. Adepte de la confrérie religieuse des *Kouans,* appelés Ouled-Sidi-Cheikh, qui se montrent nos adversaires acharnés dans le sud algérien.

Kiaus n. m. Affiliés aux sociétés secrètes musulmanes.

Kouan. Association musulmane algérienne, dont le nom veut dire frères; ses membres sont très disciplinés et ennemis implacables des chrétiens.

L

Labarum n. m. Société politico-religieuse organisée par les catholiques pour combattre la franc-maçonnerie.

La Chercheuse n. f. Nom donné à Cérès, incarnation de l'âme de la terre dans les mystères antiques.

Lampe n. f. Verre. (Maç. d'adoption).

Landmanschaften n. f. Association ou union des paysans, qui prit une part active au relèvement de l'Allemagne, après Iéna.

Langue n. f. Division des possessions de l'ordre de Malte. Les langues étaient subdivisées en grands prieurés, bailliages et commanderies. A la tête de chaque langue était un chef appelé *bailli-conventuel* ou *pilier*. Les huit langues étaient l'Aragon, la Castille, l'Allemagne, l'Angleterre, l'Italie, la France (grands prieurés de France, de Champagne et d'Aquitaine ; bailliages de Saint-Jean-de-Latran à Paris, et de Saint-Jean-en-l'Ile, près de Corbeil) ; l'Auvergne (prieuré d'Auvergne et bailliage de Bourganeuf) ; la Provence (prieurés de Saint-Gilles et de Toulouse ; bailliage de Manosque).

Laveur n. m. 55e degré du rite de Misraïm.

Légion n. f. Ensemble des affiliés de la charbonnerie, groupés en vue d'une lutte armée. — Division des philochoréites.

Les Vengadores d'Allbaud n. m. Association secrète fondée en Espagne vers 1835.

Lever les Acquits loc. Dans le compagnonnage, *lever les acquits* signifiait s'assurer que le compagnon qui quittait son patron ne lui devait rien ; que le nouveau venu s'était conduit honnêtement dans la société qu'il venait de quitter et avait payé intégralement ce qu'il devait à la mère.

Ligue fédérale n. f. Société secrète qui soutenait la politique légitimiste et combattait l'empire ; elle fut condamnée en 1853.

Ligue anti-maçonnique n. f. Ligue fondée par le parti catholique, sous le patronage de l'archange saint Michel, et qui fait prendre à ses membres l'engagement de ne jamais s'affilier à la franc-maçonnerie, de ne jamais voter pour des francs-maçons, de ne pas s'abonner aux journaux rédigés par des francs-maçons, d'exiger ces engagements des amis, domestiques, de ceux à qui l'on donne du travail ; de combattre l'*école neutre* (école laïque) et « pour les relations « commerciales, ne pas s'adresser « à des marchands, fournisseurs, « fabricants qu'on sait être francs-« maçons ; donner au contraire la « préférence à des commerçants « chrétiens qui ne font pas partie « de la franc-maçonnerie ni des « associations dépendantes de la « franc-maçonnerie ».

Lion n. m. (V. Coureur du Soleil).

Livre du Sang n. m. Registre sur lequel étaient inscrits les noms et les titres des personnes vouées au poignard par les francs-juges.

Loge n. f. Salle où les francs-maçons se réunissent. — Groupe autonome de francs-maçons.

Loges d'Éclaircissement n. f. Loges connues en Allemagne, au XVIIIe siècle, et qui n'avaient ni symboles, ni grades, ni cérémonies ; elles se joignirent aux illuminés de Bavière, ne prenant le titre de francs-maçons que pour s'assurer une protection.

Loge-Mère n. f. Loge où un maçon a été initié.

Loge Minervale n. f. Loge comprenant les trois premiers grades de la secte des illuminés.

Loge Royale. (V. Collège).

Loges-Sœurs n. f. Loges qui font entre elles l'échange de garants d'amitié.

Loi vivante n. f. Nom que prirent en Allemagne, au moyen-âge, les membres des tribunaux secrets.

Lowton n. m. Fils de franc-maçon qui a été adopté par les loges après certaines cérémonies symboliques.

Loups n. m. Tailleurs de pierres, appelés encore compa-gnons étrangers, et faisant partie du groupe des compagnonnages nommés Enfants de Maître Jac-ques.

Loups-Garous n. m. Compa-gnons tailleurs de pierres, dits compagnons passants ou du de-voir, qui faisaient partie des En-fants de Maître Jacques.

Loups Rapaces n. m. Nom que les carbonari donnaient aux oppresseurs du peuple et aux dé-légués du pouvoir qui se ren-daient coupables d'actes arbi-traires.

Louvetean. (V. Lowton).

Lumières n. f. Nom donné aux officiers d'une loge.

Lumière du Troisième Ap-partement (Voir la) loc. Ex-pression employée par certains écrivains pour indiquer qu'un maçon est reçu au grade de maître. Cette locution ne figure pas dans les vocabulaires maçon-niques.

M

Maçonnerie d'Adoption n. f. Maçonnerie des Dames, créée vers 1830 par des maçons français.

Maçonnerie Adhonhira-mite. Ordre fondé en 1766 par le baron de Tschoudi, et qui comprenait 13 grades.

Maçonnerie Bleue n. f. La maçonnerie des 3 grades sym-boliques, dont la couleur est le bleu.

Maçonnerie Rouge n. f. La maçonnerie des grades capitu-laires, dont la couleur est le rouge.

Maçonnerie Judaïque n. f. (V. Rite de Misraïm).

Maçonnerie Palladique n. f. Maçonnerie créée par des ma-çons philosophes du XVIIIe siècle et qui remontait, prétend-on, aux sept sages de la Grèce, et tirait son nom de *Pallas* (Minerve). Ses adeptes disaient conserver le dé-pôt de la pure lumière, exempte des erreurs du fanatisme et de la superstition.

Maçonnique adj. Qui appar-tient à la franc-maçonnerie.

Madanyn. (V. Chadelya).

Maffia n. f. Association de malfaiteurs qui, existant en Sicile, s'est répandue dans toute l'Italie et même aux États-Unis; elle a pour elle le clergé, les royalistes restés fidèles à la cause bourbon-nienne, même des fonctionnaires et des policiers, et se livre sur-tout à des extorsions, en captu-rant de riches particuliers qu'elle ne rend que contre une forte ran-çon.

Mage n. m. Membre de la classe supérieure des illuminés.

Magister n. m. Père-maître qui, dans un chantier de fendeurs, adressait l'instruction symbolique aux récipiendaires.

Main Noire n. f. Société anarchiste découverte en 1883, en Espagne, dont le siège central était à Cadix, et qui travaillait les paysans, condamnait à mort les propriétaires et mettait les riches hors du droit des gens.

Maître n. m. Le 3ᵉ grade symbolique, dans la franc-maçonnerie.

Maître, Grand Maître n. m. Titre du plus haut dignitaire de l'ordre de Malte.

Maître des Banquets n. m. Frère chargé de l'organisation des banquets et cérémonies d'une loge.

Maître des Cérémonies n. m. Officier de loge chargé des cérémonies et fêtes maçonniques.

Maître Jacques n. m. Un des compagnons de Salomon, employé à la construction du Temple de Jérusalem, et sous le vocable duquel s'étaient groupés différents *devoirs* de compagnonnage.

Maître Élu (Petit) n. m. Mère-loge du rite écossais philosophique.

Maîtres-ès-Œuvres n. m. Confréries de maçons du xiiᵉ siècle, dans lesquelles certains auteurs croient trouver les origines de la franc-maçonnerie.

Maître Secret n. m. 4ᵉ degré des grades chapitraux écossais. — 4ᵉ degré du rite de Misraïm.

Maître Parfait n. m. 5ᵉ degré des grades chapitraux écossais. — 5ᵉ degré du rite de Misraïm.

Maître par Curiosité n. m. 6ᵉ degré des grades chapitraux écossais. — 6ᵉ degré du rite misraïmique.

Maître Irlandais n. m. 7ᵉ degré des grades chapitraux écossais. — 7ᵉ degré du rite misraïmique, aussi appelé prévôt et ufge. — Les grades dits maître irlandais, maître irlandais parfait, maître irlandais puissant, ont été inventés en France en 1747 par les favoris d'Édouard Stuart, qui les vendaient aux partisans de ce prince.

Maître en Israël. (V. Intendant des bâtiments).

Maître Élu des Neuf n. m. 9ᵉ degré des grades chapitraux écossais.

Maître ad vitam n. m. 20ᵉ degré des grades chapitraux écossais.

Maître Anglais n. m. 8ᵉ degré du rite de Misraïm.

Maître Écossais n. m. 18ᵉ degré du rite misraïmique.

Maître parfait Architecte n. m. 27ᵉ degré du rite misraïmique.

Maîtresse n. f. 3ᵉ degré de la Maçonnerie d'adoption.

Maîtresse Agissante n. f. Grande maîtresse du rite d'adoption, fondé en 1782, par Cagliostro.

Maîtresse Égyptienne n. f. Le 3ᵉ grade du rite d'adoption de Cagliostro.

Maîtresse Parfaite n. f. 4ᵉ degré de la maçonnerie d'adoption.

Malte (Chevaliers de) ou **Frères hospitaliers, Hospitaliers de Saint-Jean de Jérusalem, Chevaliers de Saint-Jean, Chevaliers de Rhodes.** Ordre militaire et religieux fondé en 1048, par Gérard de Martigues, dit le Bienheureux. Cette association ne fut pas, à proprement parler, une société secrète, mais par son caractère politique, le rôle qu'elle joua dans l'histoire et certains côtés peu connus de son organisation, elle méritait de figurer dans cet ouvrage.

Les chevaliers de Malte existent encore aujourd'hui, mais leur autorité n'est plus que nominale.

Mandrin n. m. (V. Cousin du Tremble).

Manifestation n. f. (V. Triomphe de l'initié).

Manipule n. f. Subdivision de la charbonnerie, en vue d'une lutte armée.

Manoc ou **Pierre blanche** n. f. Pain. (Maç. d'adoption).

Mannequin n. m. Gobelet, dans les banquets de la fenderie.

Marche n. f. Manière de marcher pour entrer en loge, qui varie avec chaque grade.

Maréchal n. m. Chef qui commandait la milice de l'ordre des Templiers.

Mark-Mason n. m. (Excellent maçon.) 2ª grade de la Maçonnerie de Royal-Arche.

Marianne n. f. Nom donné à toutes les associations politiques qui, depuis 1850, ont tenté de propager mystérieusement les idées républicaines ou les doctrines du socialisme.

Martinisme n. m. Secte fondée par Saint-Martin, le philosophe inconnu, avant la Révolution, et qui avait pour base le spiritualisme mystique.

Mastiquer. V. Manger. (Voc. de table).

Matériaux n. m. Aliments. (Voc. de table). — **Mets.** (Maç. d'adoption).

Médaille de Compagnon n. f. Valeur de cinq francs. (Franc-Maçonnerie).

Mélanéphoris n. m. 3ª grade du Crata-Repoa.

Memphis (Rite de) n. m. Rite maçonnique fondé à Paris, à Bruxelles et à Marseille, en 1839, par Marconis et Moutet, et qui comprenait 95 grades.

Mère n. f. Maison, lieu où les membres d'un compagnonnage prennent leurs repas, se réunissent, et où les compagnons se rendent pour trouver des renseignements et de l'ouvrage. — Maîtresse d'auberge que les compagnons choisissaient et dans la maison de laquelle se tenaient leurs réunions; là étaient déposés leurs codes et les archives du devoir.

Messouni n. m. Affranchis admis au serment, dans la secte des assassins.

Ministre d'Etat n. m. Orateur d'un consistoire.

Ministres des Mystères n. m. Ministres dirigeant l'assemblée des quinze prêtres qui présidaient aux cérémonies de l'initiation dans les mystères de l'antique Egypte.

Minerval n. m. Second grade des Illuminés.

Mineur n. m. 54ª degré du rite de Misraïm.

Motaddem n. m. Chef de la Zaouïa.

Mois n. m. Groupe de quatre sections appelées *Semaines*, dans la société des Saisons.

Monulni n. m. Simple croyant, dans la secte du Vieux de la Montagne.

Montagnards n. m. Société politique dont le chef était l'ex-représentant du peuple Gent, et qui avait pour but la défense de la République et la résistance par la force à un coup d'Etat, prévu dès 1850.

Mopses n. m. (V. Moses).

Morceau d'architecture n. m. Travail maçonnique, consistant en une étude, un rapport, une conférence sur un sujet donné.

Moses n. m. Ordre d'un seul grade, institué en 1738, après la bulle de Clément XII qui, en 1736, avait excommunié les francs-maçons. Cet ordre ne fut qu'une maçonnerie d'imitation.

Mot annuel n. m. Mot qui remplit exactement le même rôle que le mot de semestre, pour les ateliers supérieurs à la loge.

Mot de passe n. m. Mot d'ordre qui se donne à l'entrée du temple par un nouvel arrivant qui entre en loge, après l'ouverture des travaux, et qui est composé d'un certain nombre de syllabes que l'on scande à l'oreille du frère couvreur, en lui donnant l'attouchement.

Mot secret ou **Mot sacré** n. m. Mot que l'on donne pour justifier la qualité de maçon et la possession d'un grade, et qui s'épelle lettre à lettre, l'interrogé donnant la première lettre, l'interrogateur la seconde, et ainsi de suite.

Mot de Semestre n. m. Double mot établi pour obvier à la divulgation des mots secrets et de passe dans la franc-maçonnerie et qui, variant chaque semestre, permet aux loges de reconnaître les maçons réguliers et actifs d'une obédience.

Moukelbi n. m. Ceux qui étaient chargés de recruter les adhérents, dans la secte des assassins.

Mouni très sage n. m. 65e degré de Memphis.

Mousse n. f. Le pain, dans les banquets de la fonderie.

Mutuellisme n. m. Association mutuelle de chefs d'ateliers fabricants de soieries, fondée à Lyon en 1828, et dont les membres prenant le nom de frères, se devaient appui moral et mutuelle assistance.

Mystères n. m. La classe supérieure de la secte des illuminés.

Mystères (Petits) n. m. Grades du rite souverain des Dames écossaises de France, créé à Paris en 1810, et qui comprenaient : apprentie, compagnonne, maîtresse, novice, maçonne, compagnonne discrète.

Mystères (Grands) n. m. Grades de maîtresse adoptée et de maîtresse moralisée dans le rite souverain des Dames écossaises de France.

N

Némésis n. f. Société secrète organisée en 1842 pour lutter contre l'oppression.

Néophyte n. m. Franc-maçon dont l'initiation est récente.

Néquitis n. m. Sectaires nègres du Congo, qui tiennent des assemblées secrètes.

Niveau n. m. Emblème d'égalité, qui est le bijou du premier surveillant d'une loge.

Noachite ou **Chevalier Prussien** n. m. 13e grade de la maçonnerie adhoniramite. — 21e degré des grades chapitraux écossais.

Nouveau Rose-Croix n. m. Rose-Croix philosophique.

Nouveaux Templiers n. m. Ordre fondé à Troyes, en 1804, par M. Ledru, père de Ledru-Rollin, et qui prétendait ressusciter l'ordre du Temple, avec la *Charte de transmission*, qu'on avait retrouvée chez un bouquiniste.

Novice n. m. Premier grade des illuminés.

Number one (n° 1). Chef suprême des Invincibles irlandais.

Nymphes de la Rose n. f. Membres féminins d'un ordre androgyne, fondé à Paris en 1778, par de Chaumont.

O

Obligation n. f. Ensemble des engagements pris par les adhérents des sociétés secrètes.

Obligation prêtée par les cousins fendeurs, lors de leur réception.

Je jure et promets, parole d'honneur, sur le pain et le vin de l'hospitalité, en présence du Père-Maître, des cousins et cousines du chantier, de ne jamais déclarer à aucun aubier le secret des cousins fendeurs.

Je promets de ne jamais aller sur les brisées d'aucun cousin, comme de ne point altérer la vente des bois que les cousins composent ;

De n'avoir aucun commerce charnel avec la femme d'un cousin, à moins qu'elle ne me le demande trois fois.

Je jure de la défendre, l'assister, la secourir dans ses besoins ; de la remettre dans son chemin si

elle s'en est écartée, et de la loger dans ma cabane.

Et si je manque à mon obligation, je consens à avoir la tête séparée du tronc par toutes les haches des bons cousins et à être dévoré par les bêtes féroces.

Obligation des cousines fendeuses.

Je jure et promets, parole d'honneur, sur les symboles de la propreté, en présence du Père-Maître, des cousins et cousines de ce chantier, de ne jamais déclarer les secrets des bons cousins compagnons fendeurs.

Et si je manque à ma parole, je consens à être battue et tordue comme un paquet de linge sale, et ensuite précipitée au fond du cuvier de la bonne et bienveillante cousine Catau ; ensuite être exposée pendant quarante jours dans les forêts les plus éloignées, pour ne vivre que de glands comme une truie et être dévorée par les bêtes féroces.

(*Ces deux obligations sont extraites d'un Rituel manuscrit de 1777*).

Observance (Stricte) n. f. Maçonnerie d'Allemagne divisée en haute observance, observance late (relâchée) et étroite observance.

Orangistes (Loges) n. f. Loges formées par les orangistes de l'Irlande, d'après une organisation analogue à celle de la franc-maçonnerie.

Orateur n. m. Officier chargé de veiller à la garde de la constitution et à l'observation des règlements dans une loge.

Ordre de l'Harmonie n. f. Nom pris par les mesmeriens organisés en loge.

Ordre Palladique n. m. Ordre qui se fonda au XVIIIe s., sans doute grâce à quelques maçons philosophes et sous l'influence des idées venues de la Grèce antique.

Orient n. m. L'autel, dans une loge. — Nom d'une ville où il y a une loge maçonnique : *Orient de Paris, de Melun.*

P

Palladium n. m. Cercle des *Sept Sages*, qui ne semble avoir eu d'autre but que de mettre en rapport les amateurs de la vérité, de la nature et de la vertu, en les retirant de l'isolement où la hauteur de leurs conceptions les plaçait dans l'humanité. — Groupe de la maçonnerie dite palladique, qui pouvait s'isoler des autres ou communiquer avec eux.

Paoliste n. m. Membre de la société de Saint-Vincent-de-Paul.

Parfait Architecte n. m. 28e degré du rite de Misraïm.

Parfait Initié n. m. (V. Kadosch).

Parfait Maitre n. m. (V. Rose-Croix philosophique).

Parfums n. m. Fleurs. (Maç. d'adoption).

Pasteur n. m. Degré supérieur de l'hétairie grecque.

Past-Master n. m. (Passé maître). 1er grade de la maçonnerie de Royal-Arche.

Patente n. f. Diplôme des hauts grades maçonniques.

Patères n. f. Assiette. (Maç. d'adoption).

Patriarche n. m. Président d'une grande loge du 29e degré écossais ancien et accepté.

Patriarche des Croisades n. m. (V. Grand écossais de Saint-André d'Écosse).

Pays n. m. Titre que se donnaient entre eux les compagnons des différents devoirs.

Pectoral adj. Se dit du signe des compagnons francs-maçons, qui consiste à former l'équerre, la main droite partant du cœur.

Pépin de Pomme n. m. La récipiendaire au grade de compagnonne, dans la maçonnerie d'adoption, promettait de ne jamais manger de pépins de pommes, comme étant le germe du fruit défendu.

Père-Feu n. m. Foyer qui brûlait au centre des circonscriptions druidiques.

Père-Maitre n. m. Nom du chef d'un chantier de la fenderie.

Perfection (Loge de la) n. f. 4e grade de la maçonnerie des Dames.

Pérignan n. m. Le récipiendaire, dans le 5e grade de l'écossisme réformé.

Pernetty (Rite) n. m. Rite maçonnique fondé en 1760 et appelé encore rite des Illuminés d'Avignon.

Perpendiculaire n. m. Un des signes maçonniques. — Bijou du 2e surveillant d'une loge.

Persévérance (Ordre de la) n. m. Ordre fondé en France en 1777, et qui se composait de chevaliers et de dames choisis dans les rangs les plus élevés de la société.

Petit Architecte n. m. 22e degré du rite de Misraïm.

9.

Petit Convent n. m. Réunion générale du Conseil de l'ordre du Grand-Orient de France, qui se tient au printemps.

Phasengars n. m. (V. Thugs).

Philadelphes n. m. Société républicaine organisée, dit-on, dans la grande armée, et qui avait pour but le renversement de l'Empire; son chef, le colonel Oudet, aurait été, par ordre de l'empereur Napoléon, attiré dans une embuscade à Wagram et passé par les armes avec tous les officiers affiliés.

Philalètes n. m. pl. Rite maçonnique, dit encore des Chercheurs de la vérité, fondé en 1773 et comprenant 12 degrés.

Philosophe de la Samothrace n. m. 48e degré du rite de Memphis.

Phithréïde n. f. Grande maîtresse des initiations dans l'antiquité.

Philochoréïtes ou **Amants du plaisir.** Ordre établi en 1808 par des officiers français au camp d'Orense, en Galicie, et dont les chefs s'étaient donné les titres de chevaliers des nœuds, du défi d'amour, chevaliers nocturnes, de la grenade, du miroir, chevaliers discrets, chevaliers de la mort, des grâces, etc.

Philosophe Sublime n. m. 58e degré du rite de Misraïm.

Pierre n. f. Pain. (Maç. scandinave).

Pierre brute n. m. Le pain (Voc. de table). Ce mot a un sens symbolique; il indique toute œuvre à laquelle travaillent les francs-maçons pour réaliser l'idéal de leurs doctrines philosophiques et humanitaires.

Pierre plate n. f. Nom donné quelquefois à une valeur de un franc. (Maçonnerie).

Pilier n. m. Chacune des huit langues de l'ordre de Malte (Rapprocher de l'expression *colonne* employée en franc-maçonnerie).

Pilier ou **Bailli-Conventuel** n. m. Chef d'une langue de l'ordre de Malte.

Piliers (Fonction des) n. f. pl. Les piliers ou chefs des langues de l'ordre de Malte, qui résidaient au siège central de l'association, à la Valette (capitale de l'île de Malte), y remplissaient des fonctions particulières. Le pilier d'Aragon était grand conservateur; celui de Castille grand chancelier; celui d'Allemagne grand bailli; celui d'Angleterre turcopolier; celui d'Italie amiral; celui de France grand hospitalier; celui d'Auvergne maréchal; et celui de Provence grand commandeur.

Pince n. f. Fourchette. (Maç. d'adoption).

Pinces n. f. Mouchettes. (Voc. de table).

Pinceau n. m. La plume. (Maç.).

Ploches n. f. Fourchettes. (Voc. de table).

Piqueurs n. m. Officiers des chantiers de fondeurs, qui portaient le fusil avec bandoulière couleur feuille-morte.

Plan parfait n. m. (V. Tracé).

Planche n. f. Lettre maçonnique. — Ordre du jour des travaux d'une loge. (V. pp. 156-157).

PLANCHE

DU

SUPRÊME CONSEIL

De la Grande Loge Centrale de France

Changement de rapport

CHANGEMENT DE RAPPORT

Rpt ⬜ 18

au lieu de

Rpt ⬜ 15

SUPRÊME  **CONSEIL**

FONDATEUR.

GRANDE LOGE CENTRALE DE FRANCE.

RIT ÉCOSSAIS ANCIEN ACCEPTÉ.

Sous la voûte céleste zénith, par les 48° 50' 14" de latitude nord ;
Or.°. de Paris, le 10e jour de la lune Elial, 6e mois de l'an
de la G.°. L.°. 5842 (16 Août 1842, E.°. V.°.).

T.°. C.°. F.°.

Le Sup.°. Cons.°. pour la France et ses dépendances, des SS.°. GG.°. II.°. GG.°.,
33e et dernier degré du Rit Écossais ancien accepté, vous prie d'assister à la cérémonie
funèbre qu'il célébrera le 23 de ce mois, au local maçonnique de la *rue de Grenelle-*

Les travaux s'ouvriront à 7 heures et demie très-précises du soir, sous la présidence
du T.°. Ill.°. et T.°. Puiss.°. Souv.°. Gr.°. Comm.°. Gr.°. Maître.

Le T.°. P.°. Souv.°. Gr.°. Commandeur,

Deus meumque jus,

DUC DECAZES, 33°

Le Secrét.°. du Saint-Empire,   Le Lieut.°. Gr.°. Commandeur,

VIENNET, 33°.   **G.°. C.te DE FERNIG, 33°.**

ORDRE DES TRAVAUX :

Ouverture à 7 heures et demie très-précises ;
Introduction des FF.°. visiteurs ;
Introduction des Députations des LL.°. et Chap.°. du Rit.
Introduction du Sup.°. Cons.°. présidé par son Ill.°. Chef ;
Introduction de la députation du G.°. O.°. de France ;
Cérémonie funèbre, 1re *partie* ;
Oraison funèbre par le T.°. Ill.°. F.°. PHILIPPE DUPIN;
Cérémonie funèbre, 2e *partie.*
Clôture des Travaux.

Par mandement et par ordre du Sup.°. Cons.°.

Le Chef, *ad interim,* du Secrétariat-général,

DESFAMMES, 33°.

Nota. La tenue de Deuil est de rigueur.

Changement de rapport

CHANGEMENT DE RAPPORT

Rpt 15

au lieu de

Rpt 18

La planche ci-contre est la reproduction photo-
zincographique, réduite de *un cinquième*, d'une
Lettre maçonnique dont nous possédons l'original.

Planche à tracer n. m. Le papier. (Maç.).

Plates-Formes n. f. Plats. (Voc. de table de la maçonnerie scandinave).

Plateaux n. m. Plats. (Voc. de table).

Plumes en Sautoir n. f. Emblèmes du secrétaire d'une loge.

Poignards n. m. Couteaux. (Voc. de table de la maçonnerie scandinave). — Les couteaux, dans les banquets des élus.

Points de perfectionnement (Les 5) n. m. Nom donné quelquefois à l'attouchement maçonnique du grade de maître. On dit encore Griffe de maître.

Polychorélites n. m. Ordre d'hommes et de femmes établi par de jeunes officiers français en Galicie, qui avait pour devise : *Honneur, Gaîté, Délicatesse ;* se divisait en légions ou cohortes et avait des rites et cérémonies d'initiation.

Pomme verte n. f. Maçonnerie androgyne allemande, fondée en 1780.

Pontife de la Cadmée n. m. 56ᵉ degré du rite de Memphis.

Pontife de l'Ogygie n. m. 59ᵉ degré du rite de Memphis.

Pontife de Mithra n. m. 63ᵉ degré du rite de Memphis.

Postulant n. m. Le candidat admis à subir les épreuves maçonniques.

Postulant de l'Ordre n. m. Le 6ᵉ grade dans l'ordre des chevaliers du Temple.

Poudre faible n. f. L'eau. (Voc. de table).

Poudre forte n. f. Le vin. (Voc. de table).

Poudre fulminante n. f. Les liqueurs. (Voc. de table).

Poudre jaune n. f. La bière. (Voc. de table).

Premier Compagnon n. m. Chef élu dans chaque section locale d'un devoir de compagnons. Il présidait les réunions et représentait la société dans ses rapports avec les autres associations, les patrons et les autorités constituées.

Premier en Ville n. m. (V. Premier compagnon).

Premier Discret n. m. 49ᵉ degré du rite de Misraïm.

Président n. m. Chef fondateur d'une vente centrale de carbonari.

Prêtre n. m. Un des degrés supérieurs de l'hétairie grecque. — Membre de la classe supérieure des illuminés.

Prévôt et Juge n. m. (V. Maître irlandais).

Prince Adepte n. m. 28ᵉ degré des grades chapitraux écossais.

Prince de Jérusalem n. m. (V. Grand Conseil, chef des loges). — 45ᵉ degré du rite de Misraïm.

Prince du Liban n. m. (V. chevalier Royal-Hache).

Prince du Tabernacle n. m. 24ᵉ degré des grades chapitraux écossais.

Princesse de la Couronne n. f. Dixième degré de la maçonnerie d'adoption.

Prince de Merci n. m. (V. Écossais trinitaire).

Prince de la mort n. m

Association secrète que ses statuts ont fait classer parmi les associations exécrables.

Printemps (Société du) n. f. (V. Société des Saisons).

Printemps n. m. Chef d'un groupe de trois *mois* dans la société des Saisons.

Prodigue Converti n. m. Second grade de la fenderie.

Profane adj. et nom. Mot que les maçons appliquent à tous ceux qui ne font pas partie de leur société.

Progrès n. m. Société fondée après 1830, et dont le révolutionnaire Ch. Lagrange était l'âme.

Protecteur n. m. Titre accepté par l'empereur de Russie, Paul Ier, à la fin du XVIIIe siècle, à la demande du grand maître de l'ordre de Malte, Ferdinand de Hompesch.

Puissance maçonnique n. f. Synonyme de Grand-Orient, d'obédience maçonnique.

Q

Quartier n. m. Groupe de deux ou trois sections de la société des Familles.

R

Rade n. f. Orient des félicitaires.

Rappel n. m. Mot de ralliement des Irlandais au temps de O'Connell.

Rahmanaya. Confrérie secrète musulmane très répandue en Algérie, et qui a joué un grand rôle dans l'insurrection de 1871.

Récipiendaire n. m. Postulant admis à entrer dans la franc-maçonnerie, après avoir satisfait aux épreuves de l'initiation.

Réclamants de Juillet n. m. Société politique, organisée après la révolution de Juillet, et qui se fondit dans la société des Droits de l'Homme.

Recommandés n. m. Second degré d'affiliation de l'hétairie grecque.

Refick n. m. Simple compagnon, dans la secte des assassins.

Régent n. m. Membre de la classe supérieure des illuminés.

Relicher à la santé loc. Boire à la santé. (Vocab. de table de la fenderie).

Renards n. m. Titre donné aux novices, chez les compagnons charpentiers.

Renards de Liberté n. m. Compagnons charpentiers se disant encore *Compagnons de Liberté* et faisant partie des *Enfants de Salomon.*

Repos de la Nature n. m. Fête d'ordre du rite de Misraïm, célébrée à l'automne.

République universelle n. f. Société politique, fondée à Londres, et dont les chefs ou triumvirs étaient : Ledru-Rollin, Mazzini et Kossuth.

Respectables Anciens n. m. Membres d'un conseil du 19e degré du rite écossais ancien et accepté.

Responsion n. f. Redevance que payait chaque chevalier de Malte pour la délivrance de la Terre-Sainte.

Réveil de la Nature n. m. Fête d'ordre que les francs-maçons du rite de Memphis célèbrent au printemps.

Révélation suprême n. f. Révélation du 7e degré, dans la secte des assassins, qui se bornait à cette formule : *Ne rien croire et tout oser*.

Ribalderie n. f. Rite androgyne institué à Paris en 1612.

Riboler n. m. Dans la fenderie, marche du récipiendaire, chargé de bois, les yeux bandés et chaussé de sabots.

Ribbonisme n. m. Association secrète irlandaise.

Rite d'adoption de Cagliostro n. m. Rite fondé à Paris en 1782, et dont la grande maîtresse était l'épouse de Cagliostro, qui prit le titre de *Maîtresse agissante*.

Rite écossais n. m. Rite maçonnique qui diffère du rite français par ses couleurs bleu et rouge, par l'interversion de certains emblèmes ou lettres, et par un plus grand attachement à l'ancien formalisme maçonnique.

Rite écossais ancien et accepté n. m. Rite fondé d'abord à 25 grades, par Lacorne, agent du comte de Clermont, puis porté en 1797 à 33 degrés, à Charleston, et importé à Paris en 1804.

Rite égyptien n. m. Nom donné improprement au rite de Misraïm.

Rite français n. m. Rite maçonnique de l'obédience du Grand-Orient, qui porte les couleurs bleues unies ; le caractère de son organisation est essentiellement démocratique.

Rite de Memphis ou **Rite oriental** n. m. Rite maçonnique institué en 1839 à Paris et à Bruxelles par Marconis et Mouttet, et qui prétendait avoir pour fondateurs immédiats les chevaliers de la Palestine ou roses-croix d'Orient.

Rite de Misraïm n. m. Rite maçonnique fondé vers 1805 par plusieurs dissidents qui n'avaient pu être admis au Suprême Conseil écossais. Cette obédience, dans laquelle un souverain grand maître absolu, irresponsable, gouvernait les ateliers, fut organisée par le juif Bédarrides. Ce rite fut encore appelé *rite judaïque*.

Rite d'York n. m. (V. Royal-Arche).

Roi Pasteur des Hutz n. m. 45e degré du rite de Memphis.

Rose-Croix n. m. Secte qui prétendait posséder la pierre philosophale, connaître toutes les sciences, rendre les hommes immortels. — Dans la franc-maçonnerie, grade capitulaire qui vient immédiatement au-dessus de celui de maître. On dit encore *dix-huitième*.

Rose-Croix des Dames n. f. 9e degré de la franc-maçonnerie d'adoption.

Rose-Croix philosophique n. m. Le 4e grade maçonnique du rite français ; le premier des grades capitulaires.

Rouge (Frère) n. m. 6e grade du Swedenborgianisme.

Rouleur n. m. Compagnon qui, à tour de rôle, durant une semaine, devait son temps à sa société ; il était chargé d'embaucher, de conduire les camarades et de lever les acquits.

Royal-Arche n. f. Maçonnerie des hauts grades, importée en Angleterre en 1777, et dont le système salomonien passe pour avoir été imaginé en Ecosse par les Jésuites. — 13e degré des grades chapitraux écossais dont la loge prend le titre de Collège ou Loge royale.

S

Sable blanc n. m. Le sel. (Voc. de table).

Sable jaune n. m. Le poivre. (Voc. de table).

Sac n. m. Tasse de grès que l'on plaçait devant les tenues, devant chacun des membres, dans les chantiers de la fenderie. (V. Mannequin).

Sage Siraïste n. m. 38e degré du rite de Memphis.

Sage des Pyramides n. m. 47e degré du rite de Memphis.

Sage d'Héliopolis n. m. 62e degré du rite de Memphis.

Saint-Vincent-de-Paul (Société de) n. f. Société fondée à Paris en 1833 par Frédéric Ozanam et sept autres étudiants, et qui, sous le couvert de la charité, devint une véritable association politique, agissant par les conférences, la propagande dans toutes les classes de la société, à tel point que, le 7 octobre 1861, un ministre de l'Empire, M. de Persigny, déclara *illégale l'existence du conseil supérieur de Paris*, directeur de la société des Paolistes.

Sainte-Vehme n. f. (V. Tribunaux secrets).

Saints Juges du Tribunal secret n. m. Assesseurs des francs-comtes.

Saison n. f. Groupe de trois mois dans la société des Saisons.

Saisons (Société des) n. f.

Société fondée sous le règne d Louis-Philippe, et qui poursuivait l'établissement du gouvernement républicain; les principaux chefs de cette association furent Barbès, Blanqui et Martin-Bernard.

Salaire (Augmentation de) n. f. Passage d'un maçon à un grade supérieur.

Salomon. Fondateur du temple de Jérusalem, auquel se rattachent les traditions maçonniques et compagnonniques.

Saluer les Bardes loc. Boire. (Maç. scandinave).

Saluer les bardes et leur recommander un Tel loc. Tirer une santé en l'honneur de quelqu'un. (Maç. scandinave).

Salle des Finances n. f. 3e salle du 87e degré du rite de Misraïm, tendue en cramoisi et éclairée par 21 lumières.

Salle des Gardes n. f. 7e chambre du 37e degré du rite de Misraïm, tendue de rouge et éclairée par 21 lumières.

Salle du Suprême Conseil n. f. 4e salle du 87e degré du rite de Misraïm, tendue en blanc, parsemée d'étoiles et éclairée par 90 lumières.

Sanctuaire des Chênes n. m. Lieu sacré où les druides célébraient leurs mystères.

Scandinave (Maçonnerie) n. f. Ordre de maçonnerie fondé en Suède, à une époque reculée, qui ordonne le respect de toutes les religions, un dévouement sans bornes pour son pays et reconnaît tous les rites des sociétés maçonniques qui tendent au même but.

Sceau n. m. Cachet d'une obédience ou d'une loge maçonnique.

Scheikh-el-Djebel n. m. Le Vieux de la Montagne.

Secret n. m. Moyens de faire les œuvres parfaites que les anciens ouvriers croyaient révélés par les dieux ouvriers, constructeurs du monde.

Secret maçonnique n. m. Il n'existe pas de secret maçonnique.

Secrétaire n. m. Officier chargé de la rédaction de la correspondance et du tracé des procès-verbaux des tenues d'une loge.

Secrétaire intime n. m. (V. Maître par curiosité).

Section n. f. Groupe de cinq ou six *familles*. (V. ce mot).

Semaine n. f. Groupe de sept membres. (Société des Saisons).

Se mettre à l'ordre loc. Prendre une position prescrite

Ancien sceau maçonnique.

par les rituels et variable pour chaque grade maçonnique, au commencement et à la fin des tenues, et dans certaines circonstances particulières.

Sénat n. m. 4ᵉ appartement d'une loge de kadoschs.

Sénéchal n. m. Celui qui remplaçait le grand maître de l'ordre des Templiers.

Sentiment n. m. Nom du chevalier introducteur, dans l'ordre androgyne des Chevaliers et Nymphes de la Rose.

Sept Épées n. f. Association secrète que ses statuts ont fait classer parmi les associations exécrables.

Serment du Silence n. m. Serment que prêtent les maçons de ne rien révéler de ce qui se passe dans les loges.

Servant n. m. Membre qui, dans l'ordre de Malte, était attaché au service religieux ou au service hospitalier. Il venait au-dessous des *chevaliers* et des *prêtres* ou *chapelains*.

Serviteurs des Serviteurs de Dieu n. m. Nom des membres des souverains conseils ou loges des sublimes élus de la vérité, (28e degré écossais).

Sévère Inspecteur n. m. 2e surveillant d'un conseil d'élus.

Siffleurs (Société des) n. f. Société secrète organisée au XVIe siècle pour lutter contre l'oppression.

Signe n. m. Geste variable avec chaque grade et ayant une signification symbolique, auquel se reconnaissent les francs-maçons.

Signe de Détresse n. m. Signe que fait un maçon en danger pour appeler ses frères à son secours.

Signe de l'Écharpe ou de **Reconnaissance** n. m. Signe du grade d'écossais, qui consiste à porter la main diagonalement de l'épaule gauche à la hanche droite.

Signe d'Extase n. m. Signe du grade d'écossais.

Signe d'Horreur n. m. Signe du grade de maître, par analogie avec le signe que firent ceux qui découvrirent le cadavre d'Hiram, dans la légende antique.

Signe du Bon Pasteur n. m. Signe des souverains princes roses-croix, qui se fait les bras croisés sur la poitrine, les mains écartées.

Signe du Serment ou du

Ventre coupé n. m. Signe du 14e degré du rite écossais ancien et accepté, qui consiste à porter horizontalement la main droite du flanc gauche au flanc droit.

Simples Unitariens n. m. (V. adeptes réunis).

Slaves Unis n. m. Société politique fondée après 1815, qui embrassait tous les pays slaves, et poursuivait, avec l'émancipation des serfs, la réforme du gouvernement dans un sens libéral.

Société des Amis du Peuple n. f. Société politique fondée après la révolution de 1830, sous la direction de Buchez et Cahaigne, et qui essaya de faire revivre les traditions du club des Jacobins.

Société de la Chaîne n. f. Maçonnerie d'adoption, fondée en Danemark, en 1777.

Société Constitutionnelle n. f. Société politique fondée après 1830, sous la présidence de Cauchois-Lemaire, et qui poursuivait l'abolition de la pairie héréditaire, la suppression des monopoles, et la réforme électorale limitée.

Société Dissidente n. f. Société politique créée à Belleville, après 1839, et qui essaya de soulever une émeute sous Louis-Philippe.

Société Gauloise n. f. Société politique créée après la révolution de 1830, et qui se fondit dans la société des Droits de l'Homme.

Société de l'Ordre et du Progrès n. m. Société fondée après la révolution de 1830 par Sambuc, et qui avait pour but de rendre au peuple l'exercice de la souveraineté.

Socius n. m. Laïque qui est associé à la Compagnie de Jésus.

Sodaliste n. m. Compagnon. — Membre d'une même société. — Se disait des membres de la Compagnie de Jésus.

Sœur n. f. Titre des femmes faisant partie de la maçonnerie d'adoption.

Sœur Préposée n. f. Seconde surveillante qui, dans les loges d'adoption, était proposée à la préparation de la récipiendaire à l'initiation.

Soldat de Mithra n. m. Nom donné après l'initiation à ceux qui avaient subi les épreuves des mystères de Mithra.

Sopraveste n. f. Cotte d'armes rouge que portaient les Templiers.

Soshi n. m. Secte politique secrète, organisée au Japon par les partisans de l'ancien régime japonais, aboli en 1868.

Soubise (Père) n. m. Un des compagnons employés à la construction du temple de Salomon, sous le vocable duquel se sont placés divers devoirs compagnonniques.

Souffler une Lampe loc. Boire. (Maç. d'adoption).

Soumana n. m. Chef de l'ordre spirituel, qui tire la science de la preuve, dans la secte des assassins.

Souffleur n. m. 56e degré du rite de Misraïm.

Sous l'Aubépine loc. Terme dont se servaient les francs-juges des tribunaux secrets de l'Alle-magne au moyen âge, pour indiquer le lieu de leurs séances.

Souverain Chapitre n. m. Loge des souverains princes roses-croix.

Souverains Commandeurs n. m. Membre d'une *Cour* ou loge du 27e degré écossais ancien et accepté.

Souverain Commandeur du Temple de Jérusalem n. m. (V. Grand commandeur du temple).

Souverain Grand Inspecteur général n. m. Le 33e degré du rite écossais.

Souverain Prince de la Maçonnerie n. m. (V. Maître ad vitam).

Souverain des Souverains n. m. Président d'un consistoire (32e degré écossais). — 60e degré du rite de Misraïm.

Souverain Conseil général des Souverains Princes du 85e degré n. m. 85e degré du rite de Misraïm.

Souverain Prince Rose-Croix n. m. 4e ordre et 7e et dernier grade du rite français élaboré en 1786. — 18e degré des grades chapitraux écossais.

Souverain Tribunal n. m. Loge du 31e degré du rite écossais ancien et accepté.

Souverain Tribunal des Souverains des 79e et 83e degrés n. m. 79e et 83e degrés du rite de Misraïm.

Souverain Tribunal des Souverains Princes Hasids n. m. 75e degré du rite de Misraïm.

Souveraine Maçonne n. f. (V. Princesse de la couronne).

Sphère n. f. Symbole de l'étude. (Maç.).

Sphère armillaire n. f. Emblème des sciences exactes, objet des études des roses-croix anciens.

Stalles n. f. Chaises. (Voc. de table).

Sublime Chevalier du Choix n. m. 33e degré du rite de Misraïm.

Sublime Chevalier élu n. m. 11e degré des grades chapitraux écossais. Leur loge s'appelle Grand Chapitre.

Sublime Écossais n. m. 19e degré des grades chapitraux écossais. — 29e degré du rite de Misraïm.

Sublime Écossais d'Hérédom n. m. 29e degré misraïmique.

Sublime Écossaise élue n. f. 5e degré de la maçonnerie d'adoption.

Sublime Élu de la Vérité n. m. Grade faisant suite au 28e degré des grades chapitraux écossais.

Sublimes Maîtres n. m. Membres d'une sublime loge.

Sublime Loge n. f. Loge du grade d'écossais.

Sublime Prince de Royal-Secret n. m. 32e degré des grades chapitraux écossais.

Sublime Philosophe n. m. 48e degré du rite de Misraïm.

Sublime Philosophe hermétique n. m. 40e degré du rite de Memphis.

Sublime Scade n. m. 52e degré du rite de Memphis.

Sublime Mage n. m. 57e degré du rite de Memphis.

Sublime Kavi n. m. 66e degré du rite de Memphis.

Sublime Prince de la Contrée sacrée n. m. 69e degré du rite de Memphis.

Sublime Chevalier de la Toison d'Or n. m. 80e degré du rite de Memphis.

Sublime Chevalier du Triangle lumineux n. m. 81e degré du rite de Memphis.

Sublime Chevalier du Sadba redoutable n. m. 82e degré du rite de Memphis.

Sublime Chevalier théosophe n. m. 83e degré du rite de Memphis.

Sublime Maître du Grand Œuvre n. m. 89e degré du rite de Memphis.

Sublime Chevalier du Knef n. m. 90e degré du rite de Memphis.

Suprême Commandeur des Astres n. m. 52e degré du rite de Misraïm.

Suprême Tribunal des Souverains Princes Talmudins n. m. 71e degré du rite de Misraïm.

Suprême Consistoire n. m. 72e degré du rite de Misraïm.

Suprême Conseil général des Souverains Princes Grand Haram n. m. 73e degré du rite de Misraïm.

Suprême Conseil des Souverains Princes Haram n. m. 74e degré du rite de Misraïm.

Suprême Conseil des Souverains Grands Princes Hasids n. m. 76e degré du rite de Misraïm.

Suprême Grand Conseil

général des Grands Inspecteurs n. m. 77e degré du rite de Misraïm.

Suprême Conseil des Souverains Princes du 78e degré n. m, 78e degré du rite de Misraïm.

Suprême Conseil des Souverains princes des 80e, 81e, 82e, 84e, 85e, 86e, 88e, 89e, 90e degrés n. m. 80e, 81e, 82e, 84e, 85e, 86e, 88e, 89e, 90e degrés du rite de Misraïm.

Suprême Grand Conseil général des Grands Ministres constituants de l'Ordre n. m, 87e degré de l'ordre de Misraïm.

Suprême Commandeur des Astres n. m. 52e degré du rite de Misraïm.

Suprême Conseil n. m. Conseil composé de maçons des grades supérieurs, qui dirige les travaux de la maçonnerie écossaise.

Surnoms n. m. Noms donnés, dans le compagnonnage, aux différents compagnons et qui rappelaient à la fois le pays d'origine du compagnon et quelqu'une de ses qualités distinctives : *Avignonnais-la-Vertu, Lyonnais-la-Pudeur.*

Surveillants n. m. Officiers de la loge chargés de faire les annonces du vénérable et de maintenir la discipline sur leurs colonnes respectives.

Swedenborgisme ou **Swedenborgianisme** n. m. Doctrine mystique et théosophique, qui s'appuie sur une prétendue révélation reçue en 1757, par le Suédois Swedenborg, mort en 1772. Cette école prit le nom de *Jérusalem nouvelle.* Elle distingue deux mondes, l'un matériel et l'autre spirituel. Celui-ci est le type épuré du premier. L'être parfait résulte de l'élévation de l'âme et du corps dans une union complète, qui les introduit dans le monde spirituel.

Swedenborgien, Swedenborgiste n. m, Adepte du Swedenborgisme.

Sylphes n. m. Nom des membres excédant le chiffre 7 dans les Conseils de chérubins du 28e degré écossais ancien et accepté.

T

Tabacologique (Rite) ou des **Priseurs.** Maçonnerie curieuse et savante du XVIIIe siècle, qui comprenait quatre grades et enseignait la doctrine de Pythagore. Le tabac était la plante symbolique, dont la culture et la manipulation servaient de voile ingénieux à ses allégories instructives.

Tablier n. m. Symbole du travail, qui est le véritable habillement maçonnique ; il ne se porte plus guère aujourd'hui.

Tablier n. m. Serviette. (Maç. d'adoption).

Tambour n. m. Nom du vase dans lequel on mettait les fruits mystiques, dans les initiations aux anciens mystères grecs.

Taybyas. Confrérie secrète musulmane, dont le siège est au Maroc et dans le sud de la province d'Oran.

Temple n. m. Endroit où se réunissent les francs-maçons.

Temple de l'Amour n. m. Salle d'initiation de l'ordre androgyne des Chevaliers et Nymphes de la Rose.

Templiers ou **Chevaliers du Temple.** Nous dirons des Templiers ce que nous avons dit des Chevaliers de Malte. Ajoutons que cet ordre, fondé en 1117, par Hugues des Païens et Geoffroy de Saint-Adémar ou de Saint-Omer, fut détruit en 1307 par Philippe le Bel, qui fit périr sur le bûcher Jacques de Molay, son grand-maître en 1314 ; 54 templiers avaient déjà été brûlés le 13 mai 1310.

Tenue n. f. Réunion maçonnique.

Tenue blanche n. f. Tenue maçonnique à laquelle les profanes sont admis, et dans laquelle les maçons se revêtent de leurs insignes, mais ne pratiquent pas leurs rituels des tenues solennelles.

Terre forte n. f. Moutarde. (Voc. de table de la maçonnerie scandinave).

Terre rouge n. f. Surnom donné à la Westphalie, qui avait été ensanglantée par l'exécution des arrêts de la Sainte-Wehme.

Testament n. m. Formule écrite que doit remplir un profane lors de son initiation, et dans laquelle il expose comment il entend les devoirs de l'homme envers lui-même et envers la société. (Maç.).

Teutonia n. f. Société qui contribua au relèvement de l'Allemagne après 1806 et prit une part active au soulèvement de 1813.

Tente n. f. (V. Chantier).

Théophilanthrope n. m. Membre d'une société qui se fonda sous le Directoire et avait pour principes l'amour de Dieu et des hommes.

Théosophie n. f. Science pratiquée par certains illuminés, qui prétendaient être en communication directe avec les divinités.

Thugs ou **Étrangleurs.** Association d'assassins fanatiques de l'Hindoustan, en partie détruite par les Anglais en 1837. Le but véritable de cette association ne fut jamais bien connu ; mais le nombre des crimes commis par les affidés fut considérable.

Tidjanya. Confrérie secrète musulmane, fondée près de Laghouat, au XVIIIe siècle, et qui ne nous montre de déférence que par crainte.

Tierce n. f. Prétendue réunion d'anarchistes où serait décidée l'exécution d'attentats.

Tirer une canonnée loc. Boire. (Voc. de table).

Tirer une canonnée de poudre faible loc. Peine légère qui consiste à faire placer entre les deux colonnes le frère qui a commis une légère faute à table et à lui faire avaler un verre d'eau.

Titan du Caucase n. m. 49e degré du rite de Memphis.

Topage n. m. Manière de s'aborder des compagnons, quand ils se rencontraient sur une route, et qui était suivie d'une accolade, si les compagnons étaient du même devoir, et souvent d'une rixe quand ils étaient de devoirs différents.

Tout Puissant n. m. Président d'une Cour. (V. ce mot).

Tracé des Travaux n. m. Procès-verbal d'une tenue maçonnique.

Tracer une Planche v. Ecrire en Loge.

Trancardius n. m. Ordre androgyne qui fut jadis en honneur dans plusieurs provinces du Midi.

Travailler v. Manger. (Maç. scandinave).

Travailleurs Égalitaires n. m. Société politique qui se fonda sous Louis-Philippe, après la dissolution des sociétés des Familles et des Saisons, et dont les subdivisions avaient pris les noms de *métiers*, d'*ateliers* et de *fabriques*.

Travaux n. m. Ce qui se fait dans une réunion de francs-maçons.

Trente-Troisième n. m. Le grade philosophique le plus élevé de la maçonnerie française.

Très éclairé Frère n. m. Membre d'un souverain tribunal. (31e degré écossais ancien).

Très éclairés et parfaits Frères n. m. Les surveillants d'un chapitre de nouveaux roses-croix.

Très excellent n. m. Maître d'un troisième ciel. (V. ce mot).

Très grand n. m. Président d'une sublime loge.

Très haut et très puissant Grand Prêtre Sacrificateur n. m. Le 62e degré du rite de Misraïm.

Très puissant n. m. Président d'une Hiérarchie. (V. ce mot). — Président d'un grand conseil du 17e degré.

Très puissants et parfaits

n. m. Titre des officiers d'un souverain chapitre de souverains princes roses-croix.

Très puissant Souverain, Grand Commandeur n. m. Le grand maître du 33e degré écossais ancien et accepté.

Très respectable Maître n. m. Titre du vénérable dans les tenues de maîtres.

Très sage n. m. Président d'un conseil d'élus.

Très sage Israélite Prince n. m. 70e degré du rite de Misraïm.

Très sage et parfait Maître n. m. Le président d'un souverain chapitre de souverains princes roses-croix.

Très sage, parfait Maître n. m. Président d'un chapitre de nouveaux roses-croix.

Très vénérable n. m. Titre des surveillants dans les tenues de maîtres.

Trésorier n. m. Officier chargé de la gestion des fonds d'une loge.

Tribunal n. m. Loge du 79e degré du rite de Misraïm.

Tribunal révolutionnaire ou indivisible n. m. Société politique secrète organisée en 1842; elle donna lieu, en 1850, à un procès retentissant dans lequel furent poursuivis 22 inculpés.

Tribunaux secrets n. m. Tribunaux qui s'organisèrent en Allemagne, au moyen âge, pour mettre un terme aux débordements survenus par suite de la décadence de l'administration de la justice.

Tribunal vehmique n. m. (V. Tribunaux secrets).

10

Triomphe de l'Initié n. m. Procession pompeuse qui terminait les cérémonies de l'initiation dans les mystères de l'Egypte.

Trois-Bossus (Société des) n. f. Société politique dans le procès de laquelle furent impliqués Naquet, Accolas et Verlière à la suite du Congrès de la paix, en 1867.

Trois fois puissant. Titre du vénérable du grade de maître secret (2e classe, 4e degré des grades chapitraux écossais).

Trois-Points (Frères) n. m. Titre que leurs adversaires donnent, par dénigrement, aux francs-maçons, à cause des trois points, emblèmes du triangle maçonnique, dont ils accompagnent leur signature ou font usage pour les abréviations.

Troisième Ciel n. m. Loge du 26e degré écossais ancien.

Troisième Appartement n. m. Mot dérivé des mystères d'Athènes, et qui est le nom donné quelquefois aux loges.

Tronc de la Veuve n. m. La caisse hospitalière de chaque loge maçonnique.

Truelles n. f. Cuillers. (Voc. de table).

Tugenbund n. m. Association patriotique fondée en Allemagne par les étudiants; greffée sur la secte des illuminés, elle fut le plus actif agent de la revanche prussienne de 1813 et 1815.

Tuile n. f. Assiette. (Voc. de table).

Tuiler. Constater si celui qui se prétend franc-maçon l'est réellement.

Tuileur n. m. Ouvrage contenant l'exposé des rites et grades maçonniques.

Tuileur n. m. Franc-maçon qui, dans les loges, est chargé de tuiler les frères visiteurs.

Turcapalier n. m. Dignitaire qui commandait la cavalerie légère dans l'ordre des Templiers.

Turcopolier n. m. Officier de l'ordre de Malte, qui avait le commandement de la cavalerie et des gardes de la marine.

Turniste n. m. Membre de la société politique fondée en Allemagne par le baron de Lutzow, en 1815.

U

Union n. f. Société politique fondée après la révolution de 1830, et qui avait pour but de rendre au peuple l'exercice de la souveraineté.

Urne n. f. Verre, dans les banquets des élus.

V

Vaisseau (Ordre du) n. m. Ordre fondé aux Etats-Unis en 1745 et qui n'était qu'une imitation de l'ordre français des Félicitaires.

Vehme (Sainte-). (V. Tribunaux secrets).

Vénérable n. m. Président d'une loge maçonnique.

Vénérables Maîtres n. m. Titre des maçons dans les tenues de maîtres.

Vendita , Vendite n. f. Vente, assemblée de la charbonnerie italienne.

Vente n. f. Réunion de carbonari. Lieu où elle se tenait. *Vente suprême.* Comité directeur. — *V. d'arrondissement.* Formée des chefs des ventes, elle correspondait par un député avec la *V. suprême*. — *V. de canton*. Elle envoyait un député à la *V. d'arrondissement*.

Vente particulière n. f. Vente qui communiquait avec la vente centrale.

Vente centrale n. f. Vente qui communiquait avec la haute vente.

Vieux de la Montagne n. m. Hassan-ben-Sabbah, né en Perse, vers 1060, fondateur de la secte des Assassins.

Villes bâtardes n. f. Nom donné, dans le compagnonnage, aux villes qui ne comptaient pas assez de compagnons pour entretenir une *mère*.

Villes de Devoir n. f. Nom donné aux villes dans lesquelles les associations compagnonniques avaient leur lieu de réunion chez une aubergiste dite *mère* élue par la corporation.

Voile n. m. Nappe. (Voc. de table).

Voûte d'Acier n. f. Voûte formée par les épées croisées des maçons et au-dessous de laquelle passent les hauts dignitaires auxquels on rend les honneurs.

Voûte sacrée n. f. Nom que prend, en se formant, la loge où l'on travaille au grade d'écossais.

Voûte secrète n. f. Nom que prend en s'ouvrant la loge où l'on travaille au grade d'écossais (2e ordre, 5e grade).

Vrai Maître écossais de Jacques VI n. m. Variante du 14e degré des grades chapitraux écossais attribuée aux Jésuites au xviiie siècle.

Vrygraf n. m. Titre des membres des tribunaux secrets de Westphalie ou francs-juges.

W

Whiteboys ou **Enfants blancs** n. m. Association irlandaise mystérieuse, qui fait la guerre aux propriétaires protestants malmenant leurs fermiers. Ses adeptes sont ainsi nommés parce que, dans leurs expéditions, ils se cachent la figure avec un morceau d'étoffe blanche.

X

Xérophagistes n. m. pl. Ce mot veut dire *qui ne vit que de fruits secs et de pain*, mot à mot de choses sèches. Il désigne une institution fondée en Italie, en 1748, par des francs-maçons, pour se soustraire à la bulle du pape Clément XII contre la maçonnerie.

Z

Zaouia n. f. Centre de la vie politique et sociale des Ouled-Sidi-Cheikh, qui est entretenu par des donations, des aumônes, et sert à la fois d'école, de mosquée, de chapelle, de bureau de publicité. C'est de là que part le mot d'ordre des sociétés secrètes musulmanes.

Zinnendorf (Rite de) n. m. Rite maçonnique allemand du xviiie siècle, qui comprenait sept grades, se rattachait à la grande loge nationale de Berlin, et fut institué par Zinnendorf pour renverser le régime de la stricte observance, dont ce réformateur déclarait les grades faux et controuvés.

Personnages historiques ayant appartenu
à la Franc-Maçonnerie

Abd-el-Kader (l'Emir).

Alexandre de Wurtemberg (1808). Grand duc.

Antin (duc d') (1738). Grand maître de la grande loge de France.

Artois (Comte d'), roi de France sous le nom de Charles X.

Augereau, maréchal de France.

Aumont (Duc d') (1774). Chef des directoires du rite écossais.

Babeuf (Gracchus), célèbre socialiste, chef de la *Conjuration des Egaux*.

Bailly, astronome, maire de Paris en 1789.

Barthe, constituant de 1848.

Beaumont (Elie de), célèbre géologue.

Bernadotte, roi de Suède.

Berryer, célèbre orateur légitimiste.

Beurnonville, ministre de la guerre en 1793.

Boissy-d'Anglas, président de la Convention.

Bories, un des quatre sergents de la Rochelle.

Bouget, ministre de l'intérieur, 1863.

Bouillet, auteur d'un dictionnaire d'histoire et géographie estimé.

Bouillon (Duc de) (1775), Grand maître des loges du duché de Bouillon.

Boutigny, physicien qui découvrit les lois de la caléfaction.

Brissot, journaliste et député girondin.

Brunswick (Ferdinand de), général prussien.

Cagliostro (Joseph Balsamo, dit).

Cambacérès, archichancelier du premier Empire.

Canrobert, maréchal de France.

Carnot (Lazare), l'organisateur de la Victoire.

Carnot (Hippolyte), ministre de l'instruction publique en 1848, père du président Sadi-Carnot.

Carra, conventionnel.

Cazotte, littérateur.

Chaix d'Est-Ange, littérateur.

Chamfort, littérateur.

Chaptal, chimiste.

Choiseul-Stainville.

Chompré, littérateur.

Clermont (Comte de), Grand maître de la grande loge de France (1743).

Condé (Prince de) (1782).

Condorcet, philosophe, auteur des *Progrès de l'Esprit humain*.

Court de Gébelin, littérateur et mythologue.

Crémieux, président du Suprême Conseil.
Cuvelier, littérateur.
Danton, conventionnel.
David d'Angers, peintre.
Davoust, maréchal de France.
Decazes (Duc).
Delille (Abbé), littérateur.
Désaugiers, chansonnier.
Desmoulins (Camille).
Dupaty, magistrat.
Dupin aîné, avocat.
Dupin jeune, avocat.
Duval d'Esprémenil (1777).
Ernouf, général.
Eugène (Prince).
Favre (Jules).
Ferry (Jules).
Fessler, célèbre historien allemand.
Flocon, représentant du peuple.
Floquet (Charles).
Fouché, ministre du premier Empire.
Foucron, célèbre chimiste.
François de Lorraine, empereur d'Allemagne (1731).
Franklin (Benjamin), Vénérable de la loge des Neuf-Sœurs (1779).
Frédéric le Grand.
Frédéric-Guillaume II, roi de Prusse.
Gambetta.
Ganteaume, amiral.
Garat, conventionnel.
Garibaldi.
Garnier-Pagès.
Georges III, roi d'Angleterre.
Georges IV, roi d'Angleterre.
Girardin (Comte de).
Gohier, un des cinq Directeurs.
Gouffé, littérateur.
Grégoire (L'abbé).
Guillaume Ier, de Hollande.

Guillotin, médecin, inventeur de la guillotine.
Gustave IV, roi de Suède.
Hauterive (Comte d') (1778).
Hébert, conventionnel.
Heine (Henri), littérateur.
Helvétius, philosophe, auteur du livre de *L'Esprit*.
Hesse (Charles de) (1780.)
Hesse (Christian de) (1785).
Hesse-Cassel (Prince de) (1780).
Hesse-Darmstadt (Prince de) (1772).
Hoche, général.
Hohenlohe (Prince de) (1808).
Humboldt (de).
Hutchinson.
Junot, général.
Kellermann, maréch. de France.
Kléber, général.
Lacépède.
Laclos.
Lacretelle, homme politique et historien.
La Fayette.
Lalande (Jérôme de).
La Mettrie.
Laplace, astronome.
La Réveillère-Lépeaux, un des cinq Directeurs.
La Rochejacquelein (Duc de) (1785).
Lauriston, maréchal de France.
Lauzun (Duc de) (1773).
Lavater, auteur de la *Physiognomonie*.
Le Bas (de l'Institut).
Le Chapelier, président de la Constituante (1789).
Lefèvre, maréchal de France.
Léopold Ier, roi des Belges.
Lepelletier de Saint-Fargeau.
Lessing, célèbre écrivain allemand.
Littré, savant et littérateur.

10.

Louis XVI (1776), roi de France.

Louis Blanc, homme politique et historien.

Louis-Philippe Ier, roi des Français.

Macdonald, maréchal de France.

Madier de Montjau.

Magnan, maréchal de France.

Maine de Biran.

Marat.

Martinez Pasqualis.

Masséna.

Maupertuis, astronome.

Maury, cardinal.

Mellinet, général.

Mercier, littérateur, auteur du *Tableau de Paris*.

Mesmer, médecin, propagateur du magnétisme animal.

Meyerbeer, musicien.

Mirabeau, un des grands orateurs de la Révolution française.

Modène (Duc de) (1804).

Moncey, maréchal de France.

Moreau, général.

Moreau de Saint-Méry.

Mortier, maréchal de France.

Mozart, musicien.

Murat, roi de Naples.

Murat (Lucien, prince), grand-maître (1852).

Napier (Lord), amiral anglais.

Napoléon Ier.

Napoléon III.

Napoléon (Jérôme, prince).

Napoléon (Jérôme), grand-maître en Westphalie.

Napoléon (Louis), roi de Hollande.

Napoléon (Joseph), grand-maître (1807).

Nelson, amiral anglais.

Orléans (Duc d'), grand-maître (1771).

Orléans (Prince Ferdinand d'), fils de Louis-Philippe Ier.

Oudinot, maréchal de France.

Paine (Thomas).

Parny, littérateur.

Pastoret, constituant de 1791.

Paul Jones, un des héros de l'Indépendance américaine.

Pelletan (Eugène).

Pernetty, bénédictin qui fonda la secte des illuminés d'Avignon.

Péthion de Villeneuve.

Pradier, sculpteur.

Proudhon, écrivain et économiste.

Provence (Comte de), roi sous le nom de Louis XVIII.

Ramsay, homme d'Etat américain.

Regnault de Saint-Jean-d'Angély.

Régnier, duc de Massa.

Riu, général.

Robespierre.

Rohan-Guéménée (Prince de), 1771.

Rothschild (Baron de).

Roucher, poëte.

Rozier (Abbé), agronome.

Saint-Just.

Salle (Marquis de la), vénérable des Neuf-Sœurs (1781-83).

Santerre.

Saxe (Maurice de).

Sébastiani, maréchal de France.

Ségur (Comte de).

Seignelay (Marquis de) (1773).

Sérurier, maréchal de France.

Siéyès, homme politique.

Soult, maréchal de France.

Stuart (Charles-Edouard).

Sussex (Duc de), grand-maître en Angleterre.

Tissot, célèbre médecin.

Trémouille (Duc de la) (1773).

Uzès (Duc d') (1814).
Viennet, académicien.
Volney, littérateur.

Voltaire.
Washington, un des fondateurs
de l'Indépendance américaine.

Grands-Maîtres de la Franc-Maçonnerie en France

Grand-Orient

Lord Derwentwater (1725).
Lord Harnouester (1736).
Le duc d'Antin (1738).
Louis de Bourbon, comte de Clermont, prince du sang (1743).
Louis-Philippe-Joseph, duc de Chartres, puis duc d'Orléans (Philippe-Egalité) (1771-1793).
Roëttiers de Montaleau (grand vénérable) (1793-1804).
Joseph Bonaparte (1805-1814).

Gde maîtrise vacante (1814-52).
Lucien Murat (1852-1861).
Maréchal Magnan (nommé par décret du 11 janvier 1862 ; élu après démission, le 9 juin 1864).
Général Mellinet (1865-1870).
Babaud-Larivière (1870-1871).
De Saint-Jean (président de l'ordre) (1871-1882).
Cousin (1883-1885).
Colfavru (1885-1887).

Suprême Conseil du rite écossais

1804. Comte de Grasse-Tilly.
1805. Cambacérès.
1818. Comte Decazes.
1821. Comte de Valence.
1822. Comte de Ségur.

1825. Duc de Choiseul-Stainville.
1838. Duc Decazes de Glucksberg.
1848. Viennet.
1868. Crémieux.

Rite de Misraïm

1814. Bédarrides. | 1856.

Rite de Memphis

1838. Marconis de Nègre.

Grands-Maîtres du Temple

Hugues de Païens (1118).
Robert le Bourguignon (1136).
Evrard des Barres (1147).
Bernard de Tramelai (1149).
Bertrand de Blanquefort (1153).
Philippe de Naplouse (1168).
Odon de Saint-Amand (1171).
Arnaud de Toroge (1179).
Terric (1184).
Gérard de Riderfort (1188).
Robert de Sablé (1191).
Gilbert Horal (1196).
Philippe de Plessiez (1201).
Guillaume de Chartres (1217).

Pierre de Montaigu (1219).
Armand de Périgord (1233).
Guillaume de Ponnac (1247).
Renaud de Vichiers (1250).
Thomas Béraut (1256).
Guillaume ou Guichard de Beaujeu (1273).
Lemoine Gandini (1291).
Jacques de Molay (1298).
L'ordre du Temple est supprimé par Philippe le Bel, et Jacques de Molay brûlé vif, à Paris, le 18 mars 1314, avec Guy d'Auvergne et plusieurs de leurs compagnons.

Grands-Maîtres de Malte

EN PALESTINE

Gérard de Martigues, dit Gérard le Bienheureux (1099-1120).
Raymond du Puy (1120).
Auger de Balben (1160).
Gerbert ou Gilbert de Saly (1163).
Gastus (1170).
Joubert de Syrie (1173).
Roger des Moulins (1177-1187).
Garnier de Naplouse (1191).
Ermangard Daps (1192).
Godefroy de Duisson (1202).
Alphonse de Portugal, abdique en 1204.
Geoffroy Le Rat (1207).
Guérin de Montaigu (1230).
Bertrand de Texis (1231).

Guérin (1236).
Bertrand de Comps (1241).
Pierre de Villebride (1243).
Guillaume de Châteauneuf (1259).
Hugues de Revel (1278).
Nicolas de Lorgues (1289).

A CHYPRE

Jean de Villiers (1297).
Odon de Pins (1300).
Guillaume de Villaret (1307).

A RHODES

Foulques de Villaret (1311).
Hélion de Villeneuve (1346).
Dieudonné de Gozon (1353).
Pierre de Corneillan (1355).
Roger de Pins (1365).

Raymond Béranger (1374).
Robert de Juillac (1376).
Jean-Fernandez d'Hérédia(1396)
Philibert de Naillac (1421).
Antoine Flavian de la Rivière (1437).
Jean de Lastic (1454).
Jacques de Milly (1461).
Pierre-Raymond Zacosta (1467).
J.-B. des Ursins (1476).
Pierre d'Aubusson (1503).
Emeri d'Amboise (1512).
Gui de Blanchefort (1513).
Fabrice del Caretto (1521).
Philippe de Villiers de l'Ile-Adam (1534).

A MALTE

Pierre Dupont (1535).
Didier de Saint-Jaille (1536).
Jean d'Omedès (1553).
Claude de la Sangle (1557).
Jean de la Valette-Parisot (1568).
Pierre Guidalotti del Monte (1572).
Jean l'Évêque de La Cassière (1581).
Hugues de Loubeux de Verdale (1595).
Martin de Garzez (1601).
Alof ou Adolphe de Vignacourt (1622).

Louis-Mondez de Vasconcellos (1623).
Antoine de Paule (1636).
Paul Lascaris-Castellard (1657).
Martin de Redin (1660).
Annet de Clermont de Chattes-Gassan (1660).
Raphaël Cotoner (1663).
Nicolas Cotoner (1680).
Grégoire Caraffe ou Caraffa (1690).
Adrien de Vignacourt (1697).
Raymond Perellos de Roccafull (1720).
Marc-Antoine Zondodari (1722).
Antoine-Manuel Villhéna ou Villena (1736).
Raymond Despuig Montanègre (1741).
Emmanuel Pinto da Fonseca (1773).
François-Ximenès de Texada (1775).
François-Marie des Neiges de Rohan du Polduc (1800).
Hompesch (abdique en 1802).
Ruspoli, nommé par le pape en 1802.
Tommasi, élu en 1803.
Les chevaliers de Malte existent encore, mais leur existence est toute nominale et il n'y a plus de grand-maître.

Généraux des Jésuites

Ignace de Loyola, espagnol (1541).
Jacques Lainez, espagnol (1558).
François de Borgia, espagnol (1565).

Evérard Mercurian, belge, 1572.
Claude Aquaviva, napolitain (1580).
Mutius Vitelleschi, romain (1615).

Vincent Caraffa, napolitain (1643).

François Piccolomini, florentin (1649).

Alexandre Gotifredo, romain (1651).

Goswin Nickel, allemand (1652).

Jean-Paul Oliva, génois (1664).

Charles de Noyelle, belge (1681).

Thyrse Gonzalès, espagnol (1686).

Michel-Ange Tamburini, modénais (1705).

François Retz, bohémien (1730).

Ignace Visconti, milanais (1750).

Louis Centurioni, génois, 1755.

Laurent Ricci, florentin, 1757. (Suppression de l'ordre de 1773 à 1801).

Thaddée Borzogowski, polonais, 1805.

Louis Fortis, véronais, 1820.

Jean Roothaan, hollandais, 1829.

Pierre Beckx, belge, 1853.

Anderledy, suisse, 1888.

TABLE DES DICTIONNAIRES SPÉCIAUX

CONTENUS

Dans la première section indépendante du Polylexique
Méthodique

	Pages
Dictionnaire d'Occultisme	11
Dictionnaire de Phrénologie	75
Dictionnaire de Physiognomonie et Pathognomonique	79
Dictionnaire d'Oniromancie	83
Dictionnaire de Cartomancie	87
Dictionnaire de Graphologie	89
Dictionnaire d'Onomamancie	95
Dictionnaire des Magiciens, Chiromanciens, Devins, Alchimistes, etc.	111
Dictionnaire des Sociétés secrètes	117
Dictionnaire des personnages historiques ayant appartenu à la Franc-Maçonnerie	172
Grands-maîtres de la Franc-Maçonnerie	175
Grands-maîtres des Templiers	176
Grands-maîtres de l'ordre de Malte	176
Généraux des Jésuites	177

Angers, imprimerie LACHÈSE et Cⁱᵉ, 4, chaussée Saint-Pierre.

29 Janvier 43

www.ingramcontent.com/pod-product-compliance
Lightning Source LLC
Chambersburg PA
CBHW072021080426

42733CB00010B/1782